Contemporary architecture on East Side of Slovakia

SÚČASNÁ
CONTEMPORARY
ARCHITEKTÚRA
ARCHITECTURE
NA VÝCHODE
ON EAST SIDE
SLOVENSKA
OF SLOVAKIA

Tento projekt bol finančne podporený Ministerstvom kultúry Slovenskej republiky.
This project has been funded with support from the Ministry of Culture of the Slovak republic.

Partneri / Partners

Slovenské vydanie / Slovak edition
Vydali o. z. UzemnePlany.sk a o. z. just plug_in
v spolupráci s Vydavateľstvom SLOVART, spol. s r. o., v Bratislave roku 2014.
Text / Text
© Elena Alexy, Katarína Trnovská, Michal Burák,
Dušan Burák, Michal Lalinský, Lukáš Šíp, Tomáš Bujna,
Pavol Mészáros, Robert Špaček, Zorán Vukoszávlyev 2014
Preklad / Translation
© Michal Lipka, Beata Havelská, Petra Havelská,
Jana Kublová, Katarína Stohlová 2014
Dizajn / Design
© Tomáš Eisner 2014 PEANUTS
ISBN 978 - 80 - 971549 - 1 - 2

SÚČASNÁ
CONTEMPORARY
ARCHITEKTÚRA
ARCHITECTURE
NA VÝCHODE
ON EAST SIDE
SLOVENSKA
OF SLOVAKIA

Elena Alexy
Michal Burák
Katarína Trnovská
Michal Lalinský
Lukáš Šíp
Tomáš Bujna
Pavol Mészáros
Robert Špaček
Zorán Vukoszávlyev

slovart

eastside
ARCHITECTURE

Obsah
Contents

Predhovor / Foreword	Elena Alexy	6
Reťazová reakcia / A Chain Reaction	Katarína Trnovská	10
Ktorým smerom je východ? / Which way is the east?	Robert Špaček	14
Mapa s realizáciami publikovanymi v knihe ESA / Map with the realizations of the ESA book		18
Miestny a medzinárodný: Osobné trendy nasledujúce tradíciu **Local and international: Personal Trends Following Tradition**	Zorán Vukoszávlyev	22
Vila P / Villa P	Michal Lalinský	26
Rodinný dom H / Family House H	Lukáš Šíp	34
Rodinný dom N / Family House N	Lukáš Šíp	42
Chata Maša / Cottage Maša	Lukáš Šíp	48
Rodinný dom Rozhanovce / Family House Rozhanovce	Lukáš Šíp	54
Chata CL / Cottage CL	Lukáš Šíp	60
Chata IL / Cottage IL	Michal Lalinský	66
Vila na plese / Mountain Lake Villa	Michal Lalinský	72
GasOil	Michal Lalinský	78
Cassovar Business Center I., II.	Michal Lalinský	84
Phoenix Zeppelin	Michal Lalinský	90
Parkovací dom Steel Arena / Parking House of the Steel Arena	Michal Lalinský	96
Centrum knižničných služieb a vedecko-technických informácií, TU v Košiciach **Centre of Library Services and Scientific and Technical Information, TU Košice**	Michal Lalinský	102
Umelecká škola Smižany / Art School Smižany	Michal Lalinský	110
Hospic svätej Alžbety / St Elizabeth's Hospice	Michal Lalinský	118
City Park Club	Michal Lalinský	124
Bytové domy Nová Terasa / Nová Terasa Apartment Houses	Michal Lalinský	130
Nájomné bytové domy CMYK / Rental Apartment Buildings CMYK	Lukáš Šíp	138
Energo Control	Michal Lalinský	144
Bauerneblov dom / Bauernebl´s House	Lukáš Šíp	150

Súčasná architektúra na východe Slovenska
Contemporary architecture on East Side of Slovakia

Štátna vedecká knižnica / The State Scientific Library	Lukáš Šíp	154
Kunsthalle	Lukáš Šíp	160
Východoslovenské múzeum / Eastern Slovak Museum	Lukáš Šíp	166
Svet východu / The World of the East	Pavol Mészáros	174
Kasárne/Kulturpark / Barracks/Culture Park	Michal Lalinský	178
Výmenníkové stanice SPOTs / Heat Exchanging Plants SPOTs	Michal Lalinský	186
Farský kostol Božieho milosrdenstva / Parish Church of Divine Mercy	Michal Lalinský	198
Rekonštrukcia kláštora dominikánov / Renovation of the Dominican Monastery	Michal Lalinský	204
Dom smútku / Cemetery Chapel	Michal Lalinský	208
Rodinný dom DD / Family House DD	Michal Lalinský	214
Vila H / Villa H	Michal Lalinský	222
Revitalizácia hradného areálu / Revitalization of Hradová Castle Compound	Lukáš Šíp	230
Vojenský cintorín / Military Cemetery	Lukáš Šíp	236
Vysoké Tatry: Správa o stave spoločnosti rečou architektúry / High Tatras: Report on the state of society through the language of architecture	Tomáš Bujna	242
Obnova vyhliadkovej terasy / Refurbishment of the Viewing Terrace	Lukáš Šíp	246
Prestavba Chaty pod Rysmi / Rebuilding of the Chalet below the Rysy peak	Michal Lalinský	250
Rekonštrukcia a prístavba hotela Baník / Refurbishment and Extension of Hotel Baník	Lukáš Šíp	256
Aréna Poprad / The Poprad Arena	Michal Lalinský	262
Skyboxy HC LEV / Skyboxes HC LEV	Michal Lalinský	268
Kostol zvestovania Pána / Church of the Annunciation of the Lord	Lukáš Šíp	272
Centrum sociálnych služieb / Centre for Social Services	Lukáš Šíp	278
Tatranská galéria / Tatran Gallery	Michal Lalinský	284
Slovo na záver / A Final Word	Michal Burák	290
Profily autorov / Author profiles		292
Bibliografia / Bibliography		294

Na východe vlci vyjú. A každá druhá dolina je „hladová." Obraz súčasnej architektúry na východe našej krajiny sa v prvej línii skutočne opiera o predpoklad, že smerom na túto svetovú stranu je lepšie nemať príliš veľké očakávania. Je pravda, že rozloženie architektonických aktivít viac-menej kopíruje hustotu infraštruktúry. Tam, kde ubúda ciest, slabne aj záujem financovať a napĺňať viac než len utilitárne potreby. Nižšiu frekventovanosť stavebnej činnosti však, našťastie, nesprevádza aj diétna kvalita architektonických výkonov. Na mape súčasnej architektúry medzi Popradom a Čiernou nad Tisou teda nie je úplne pusto. Projekt East Side Architecture sa zameriava práve na toto teritórium, o ktorom sa zvyčajne uvažuje ako o chudobnom príbuznom západnejšie položených a z viacerých stránok vitálnejších regiónov. My nechceme oponovať, len robíme čelom vzad, aby sme pred objektív dostali opačný koniec Slovenska, kde v architektúre takisto prekvitajú nemalé ambície a nemenej vysoké ideály.

Ťažiskom knihy East Side Architecture je výber štyroch desiatok objektov, ktoré vznikli prevažne v prvej dekáde nového milénia. Naša selekcia sa pritom vôbec neusiluje o extrakt regionálnych špecifík a nehľadá lokálne ukotvenú identitu, hoci „východniarskemu" temperamentu sme sa brániť v žiadnom prípade nechceli. Neprehliadnuteľný je napríklad aj v zľahka inscenovaných fotografiách niektorých objektov, ktoré prinášajú osviežujúci ekvivalent k tradičným, a teda pomerne abstraktným záberom koncentrovaným na dokonalosť línií. Vďaka tomu architektúru cítiť ozajstnou človečinou a jej posolstvo získava väčšiu autenticitu. Hlavný obsah knihy treba vnímať a aj čítať skôr ako vecný, ale najmä nesentimentálny dokument o súčasnej kondícii architektúry na východe Slovenska. Opierali sme sa teda o filozofiu „tu

East Side Story
Elena Alexy

Out in the east, only wolves howl. And every other valley goes hungry. At the forefront, the image of the present-day architecture in the east of our country stems from an assumption that one should better not expect too much from this point of the compass. And indeed, the intensity of architectural activities more or less reflects the concentration of infrastructure. Where the roads are scarce, the willingness to invest usually does not go beyond basic needs. Lower gear of construction activities, however, luckily does not necessarily go hand in hand with a poorer quality of architecture. Therefore the architectural roadmap between Poprad and Čierna nad Tisou is not quite desolate. The East Side Architecture project is focusing on this very territory which, to many, is but a poor relative to often truly more vibrant regions towards the west. Rather than arguing with this notion, we merely steered into a U-turn to show the reverse perspective out of this remote end of Slovakia where no small ambitions and ideals flourish just the same.

At the core of the East Side Architecture book is a selection of fourty structures, most of them built during the first decade of the new millennium. Our selection does not aspire to present an extract of specific regional features, nor does it search for any locally anchored identity — even though we never attempted to resist the eastern temperament on the other hand. It cannot be overlooked, for example, in the mildly staged photos of some of the buildings, bringing thus a refreshing alternative to the traditional and quite abstract shots aiming to highlight a perfection in silhouettes only. Thereby the architecture gains in a true earthliness and its message is more authentic. We also did not attempt to put forward questions or point to controversial issues; we have left them intentionally unanswered which may even further highlight their foreboding urgency.

The general content of the book should therefore be regarded as a photo album rather than a sheer matter-of-fact and unemotional report on the condition of the architecture

a teraz", o reálnu podobu prítomnosti s vedomím, že o pár rokov môže byť všetko inak a hodnoty cenené dnes môžu byť zajtra celkom banálne. Potom prídu na rad prestavby, prístavby, viac či menej citlivé intervencie, búranie a mnohé zo zaradených stavieb sa premenia na archívne spomienky. Knižná stopa tým nadobúda ešte dôležitejší význam. A to aj v súvislosti s ďalšou znepokojujúcou prognózou, ktorá hovorí o smrti papierového čítania. East Side Architecture je z tohto pohľadu vyjadrením presvedčenia, že priam zmyselnému šuchotu a vôni papiera sa zatiaľ nič nevyrovná a kniha ako fenomén a médium myšlienok napokon predsa len prežije.

Ak hovoríme o východe, vzrušujúcim lákadlom bolo pre nás vnímanie východného Slovenska ako východu strednej Európy. Vedomie širšieho európskeho rámca je jednou z tém, ktorej sa venuje nadstavba — séria esejí od štvorice prizvaných autorov. Motív „otvárania sa" je však prítomný azda na každej stránke knihy. Snahu o regionálne sebaurčenie zhmotnené v príznačnom košatom tvarovaní, ktoré bolo koncom 20. storočia typické pre východoslovenskú architektúru, totiž vystriedala univerzálna rétorika, na akú natrafíme v podstate kdekoľvek v Európe. Nová generácia architektov sa namiesto vyčlenenia sa prostredníctvom regionálnej írečitosti naladila v rezonancii so súčasnými vibráciami v európskej architektonickej scéne. Je to dobrá správa? Zisk zdravého sebavedomia, ktoré sa už nebojí všednosti a nepotrebuje veľké príbehy alebo, naopak, pomaly, ale isto postupujúca strata miestneho koloritu? Za istých okolností môžu byť správne obidve možnosti. East Side Architecture sa však k týmto otázkam nechce stavať ako k čierno-bielemu „byť či nebyť." Podstatná je kvalita architektonickej práce a tá na východe podľa všetkého sľubne vyzrieva.

in Eastern Slovakia. We based our philosophy on "here and now", showing the real picture of the present day — while being aware that in a couple of years it all might as well be different and the values cherished today may sound banal tomorrow. That is when renovations, additions, more or less sensitive interventions and demolitions come and perhaps turn many of the portrayed buildings into virtual memories. This is where the track record of a book becomes all the more important. And all of that even more in the context of the disturbing prognosis of the imminent death of the paper-printed reading material. From this standpoint, the East Side Architecture is expressing a conviction that nothing compares to almost sensual rustle and the smell of paper and a book as a phenomenon and a medium of thought will survive in the end.

When speaking about the east, we could not resist the lure of viewing Eastern Slovakia as the actual east of the Central Europe. This awareness of the wider European context is one of the additional themes of the book in a set of essays by four invited guest writers. The motif of "opening up", however, is omnipresent throughout the book. Because the original effort for regional self-determination in the typical flourishy style of the late 20th century eastern Slovakian architecture has been replaced by a universal language that can be found these days just about anywhere in Europe. Rather than setting themselves apart in a distinct regional style, the new generation of architects had tuned into the vibrations of the current European architectural scene. Is it a good news? Does it mean we see an acquired healthy self-confidence which is not afraid of using common language and does not need big stories anymore — or on the contrary, are we slowly but surely loosing the unique character here? In certain circumstances, both answers may be correct. The East Side Architecture wants to avoid seeing the problem in a black-and-white "to be or not to be" manner though. What truly matters is the quality of architectural work — which, according to all signs, is coming of age in the east.

Reťazová reakcia

„Ide o dlhodobý proces, ktorý si vyžaduje byť v strehu, zachovať si kritický odstup a zdokonaľovať sa v používaní nástrojov určených na propagáciu súčasnej architektúry, prípadne rozšíriť doteraz akceptovaný diapazón architektonickej osvety."

Katarína Trnovská

A Chain Reaction

"It is a long-term process which requires to be alert, keep the critical distance and keep improving the tools to publicise the contemporary architecture or even broaden up the currently accepted array of architectural edification tools."

Katarína Trnovská

Koľko z týchto aktivít je schopný vykonávať architekt — tvorca — tri až štyri, všetky?

Je to však žiadúce? Nemal by sa skôr sústrediť primárne na tvorbu a pritom sa vzdelávať, testovať limity svojho kreatívneho rozhrania a inšpirovať svoj tím? Na zvyšovanie úrovne lokálnej architektonickej scény predsa môžu, ale predovšetkým by mali (okrem architekta) pôsobiť hybné sily spôsobilých architektonických inštitúcií, médií, kritikov, kurátorov a, samozrejme, verejnosti. Ide o dlhodobý proces, ktorý si vyžaduje byť v strehu, zachovať si kritický odstup a zdokonaľovať sa v používaní nástrojov určených na propagáciu súčasnej architektúry, prípadne rozšíriť doteraz akceptovaný diapazón architektonickej osvety.

Projekt East Side Architecture vznikol v roku 2012 so zámerom informovať spoločnosť o stave súčasnej architektonickej produkcie na východe Slovenska. Autori zvolili zrozumiteľný formát, ktorý je prijateľný pre odbornú aj širšiu verejnosť. V prvej fáze infiltrovali architektúru do každodennej trajektórie Košičanov, ktorí počas cesty do práce či späť registrovali v centre mesta netradičnú tému reklamných city-lightov — dvadsať realizácií od vybraných domácich architektov. Rozvinutejšiu prezentáciu týchto projektov doteraz ponúka dvojjazyčná elektronická platforma eastside.sk.

V roku 2013 výber objektov vzrástol dvojnásobne, čo stačilo na vydanie knihy, ktorú držíte v rukách. Táto publikácia reprezentuje okrem samotných objektov aj akýsi fenomén „architektonickej odvahy" vybranej časti miestneho obyvateľstva, ktoré tu vystupuje v združenej úlohe — zadávateľ

Reťazová reakcia
A Chain Reaction

— tvoriť — dokumentovať — publikovať — vysielať — prijímať — vyhodnocovať — tvoriť —
— create — document — publish — broadcast — receive — evaluate — create —

Katarína Trnouská

How many of these activities is a creative architect able to perform — three or four — or perhaps all of the above? And does it make sense at all? Should they not better focus primarily on being creative while keeping up their education, testing the limits of creative boundaries and inspire the team? After all, except the architect, it could be — and indeed it should be the momentum generated by capable architectural institutions, the media, the critics, the curators and — of course — the public toraise the bar of the local architectural scene. It is a long-term process which requires to be alert, keep the critical distance and keep improving the tools to publicise the contemporary architecture or even broaden up the currently accepted array of architectural edification tools.

The East Side Architecture project was started in 2012, aiming to inform the public about the state of the contemporary architectural landscape in the eastern Slovakia. A straightforward format has been chosen by the authors, acceptable both to the professional community as well as the wider public. In the initial phase, the architecture has been infiltrated into a daily trajectory of Kosice residents along their path to and from work by bringing into their attention an unorthodox series of "city-lights" (stand-alone lightbox panels) showing twenty completed projects by a selection of local architects. An extended bi-lingual presentation of these projects is still available on eastside.sk website.

By 2013, the selection of projects has doubled, sufficient enough for a book you are now holding in your hands. Except the projects themselves, this title represents a kind of "architectural bravery" phenomenon exhibited by a certain segment of the local population which has a multiple role here as a commissioner, an user and a (spontaneous)

—užívateľ (mimovoľný) propagátor. Najmä mladá generácia, začínajúce rodiny, prevádzkovatelia kultúrnych a športových priestorov, aktivisti... pochopili, že nie je dôvod živiť predsudky proti spolupráci s architektmi. Prekážkou nie sú dokonca ekonomické limity! Často ide skôr o pozitívny stimul na vznik pravdivého, formálne umierneného a architektonicky slušného diela.

V kategórii verejnosť tak môže úroveň súčasnej architektúry reprezentovať najmä investor. Spokojný užívateľ = dôveryhodný propagátor. Ústne podanie spoľahlivo fungovalo v minulosti a nie je to inak ani dnes. Platí to najmä v menších regiónoch, i keď na východ pozor! Ľudia, ktorí tu zostali žiť alebo sa sem vrátili, vedia, prečo sa tak rozhodli. Mnohí z nich majú skúsenosti s prácou v zahraničí, kde mali možnosť

zažiť inú mestskú i priestorovú mierku. „Svojich" architektov si preto väčšinou vyberajú na základe širších než len lokálnych kritérií. Rovnako ako vznik kvalitnej realizácie je však dôležitá aj ochota investorov zdieľať výsledok tejto tvorivej spolupráce so svojím okolím. Tak uľahčujú rozhodnutie tým, ktorí zvažujú prizvanie architekta ako tvorcu ich budúceho stavebného zámeru a súčasne mimovoľne popularizujú tento verejnosťou ešte stále celkom nedocenený odbor.

Tým sa vlastne dostávame opäť na začiatok, kde výsledkom solídnej tvorby architekta je jeho ďalšia tvorba.

advertiser. It was most of all the new generation, young families, managers of cultural and sports venues, activists... who understood there is no use in perpetuating any superstition against the involvement with the architects. Even financial limitations do not represent any impediment here! More often than not it is only a matter of a positive motivation for creating an honest, formally moderate and architecturally decent work.

Within the public domain it is therefore mainly the investor who can represent the quality of contemporary architecture. A satisfied user equals a credible advertiser. A word of mouth worked reliably in the past and so it does today. All the more in small regions, although beware of the East! People who resolved to stay put and live here, or had returned here, know why they did so. Many of them are experienced from working abroad where they became

familiar with a different urban and spatial scale. Hence they choose "their" architects based on much more than merely local criteria. But just as important as a completed quality project is the willingness of the investors to share the result with the surrounding area. That way they make it easier to decide to all those contemplating to approach an architect in their planned construction endeavors and at the same time they spontaneously propagate this still publicly underrated field of expertise.

And there we make a full circle getting back to where we started, where a solid work of an architect results in yet another creative commission.

Ktorým smerom je východ?

„V Austrálii, krajine downunder, majú mapu s obráteným severo-južným pohľadom na svet. Zobrazovanie mapy sveta je vecou dohody. Keby prví kartografi pochádzali z južnej pologule, dnes by sme našu frustráciu možno prekonávali podobným žartovaním my."

Robert Špaček

Which way is the east?

"Australia, the country down under, has its own world map with a flipped north-south perception. The world map is a matter of convention; had the pioneer cartographers come from the southern hemisphere, it is possible we would have been joking much the same way to overcome our own frustration."

Robert Špaček

Väčšinu času si neuvedomujeme, nakoľko axiomaticky sa orientujeme v priestore. V každej chvíli okolo nás existuje dolu, hore, vpredu, vzadu, vpravo, vľavo. Pokiaľ je sever vpredu, východ je vpravo. Aké jednoduché. Skúsme to však trocha inak. Každá geograficky definovaná oblasť má SVOJ sever, juh, východ, západ. Pre náš pohľad na svet je sever strecha, juh pivnica.

(Stredo)európske historické konotácie vytvorili prvoplánovo jasný východo-západný spád v kultúre, kvalite života. Východné Nemecko bolo od nás na západ, ale aj tak na tom boli „vtedy" rovnako socialisticky zle, podobne ako my. Západný Berlín bol vo východnom Nemecku... Akosi tu neplatí nádej spojená s vychádzajúcim slnkom a smútok spojený s jeho západom. Pritom Abendland bol zdrojom často až osudovej skepsy, spomeňme aspoň Oswalda Spenglera.

V samotnej geografii nenájdeme dôvody západo-východného hodnotového napätia. Možno niečo napovie zdanlivý pohyb slnka. Ráno je ustavičné sa opakujúci začiatok, večer permanentný koniec. Východ — symbol zrodu, západ — večerný zánik. Pritom londýnsky East End bol historicky skôr robotnícky, chudobný, samotný názov fungoval pejoratívne. West End je štvrť pre bohatých, synonymum luxusu. Sú však aj opačne fungujúce smerové škálovania. Bratislavský westend bol robotnícky, s továrňou na patróny a Kühmayerkou. „Západnosť" mu dodáva až dnešná westendová výstavba.

Ktorým smerom je východ?
Which way is the east?

Robert Špaček

Most of the time we do not even realize how axiomatic our space orientation is. At any given moment, we are aware of something above or below us, ahead or behind us, left and right from us. And once we are facing the north, the east is to our right. How simple! But let us try a slightly different approach: Each specific geographic region has its OWN north, south, east and west. To us, the world can be viewed as the roof at the north and the basement at the south.

Our (Central) European historic connotations resulted in a straightforward east-west gradient in terms of the culture as well as the quality of life. Even though East Germany was west of us, in "those days" they were in just as big socialist trouble as we were ourselves. West Berlin was located in the east of Germany... Somehow the hope of the rising sun and the gloom of the sunset was not applicable here. Meanwhile Abendland used to be a source of almost foreboding skepticism — just remember Oswald Spengler for one.

The geography itself does not substantiate any east-west mindset tensions. The apparent sun path may give us a hint though. The morning is the ever-repeating beginning whereas the evening is the perpetual ending. The east as the symbol of the birth and the west as the demise of the evening. Yet historically, the London East End used to be a poor blue collar district, the name itself carried a sarcastic stigma. Whereas the West End belongs to the wealthy, a symbol of luxury. There are, however, scales acting in the opposite direction as well. Bratislava's west

Ale nemyslime si, že len my trpíme polohovými komplexmi. V Austrálii, krajine *downunder*, majú mapu s obráteným severo-južným pohľadom na svet. Zobrazovanie mapy sveta je vecou dohody. Keby prví kartografi pochádzali z južnej pologule, dnes by sme našu frustráciu možno prekonávali podobným žartovaním my. Navyše, pokiaľ akceptujeme ako etalón greenwichský nultý poludník, tak väčšina Európy je na východe.

So západo-východným pohľadom na život akoby sme sami seba manévrovali do pozícií istého pocitu menejcennosti. Patrí Slovensko na východ či do stredu Európy, bolo dnešné východné Slovensko menej východné, keď ešte našou súčasťou bola Podkarpatská Rus?

Niekde v tomto myšlienkovom rozpätí sa pohybuje naša knižka. Je ale východ Slovenska definovaná kultúrna oblasť? Historickú identitu majú skôr pôvodné regióny, či župy, Horný, Dolný Zemplín, Abov, Spiš, Šariš, Zamagurie, Tatry... Goralské, rusínske, tokajské presahy hraníc tvoria prirodzené historické regióny. Prirodzene, že je užitočné hovoriť a písať o architektúre slovenského východu. Do širších úvah o architektúre európskeho východu spadá, samozrejme, celé Slovensko.

V Novej Sedlici sa tak trocha končí svet, aktuálna hranica dôsledne filtruje pohyb, ale to je len posun železnej opony z bratislavskej Petržalky po dvadsiatich rokoch. Železné opony sú len cyklicky sa opakujúce dočasnosti.

end used to be a working class quarter, with an ammunition factory and its "Kühmayerka" factory. It has gained its "western" feel only recently thanks to the West End development.

But it would be a mistake to think it is only us suffering from the spatial orientation complex. Australia, the country down under, has its own world map with a flipped north-south perception. The world map is a matter of convention; had the pioneer cartographers come from the southern hemisphere, it is possible we would have been joking much the same way to overcome our own frustration. Moreover, if we accept the Greenwich prime merídian as a standard, the majority of Europe lies in the east.

It is like we were maneuvering ourselves into this inferiority complex by perpetuating the west-to-east outlook to life. Does Slovakia belong to the east or is it at the centre of Europe? Was today's East Slovakia less eastern while Subcarpathian Ruthenia was still part of the country?

Our book generally covers the area somewhere around these ideas. Can we however talk about a distinct cultural region in the case of East Slovakia? It is more the original regions or counties like the Upper and Lower Zemplin, Abov, Spiš, Šariš, Zamagurie, Tatras that carry the historic identity... including the Goral, Ruthenian and Tokaj regions which overlap the state borders today. Of course, it is useful to talk and write about the architecture of the Slovak

15

V našom prípade posúvajú hranicu východu. Prirodzené regióny prežívajú aj ponad opony, spomienky žijú dlhšie ako ich nositelia.

Zaujímavou otázkou je, ako a odkiaľ kam sa šíria trendy. Začínajúc deväťdesiatymi rokmi organická architektúra zasiahla juh a východ Slovenska ako jasný regionálny vplyv nesený výraznými architektonickými osobnosťami. V súčasnosti architektonickú kultúru transportujú po svete architekti nasledujúci svojich investorov a ich kapitál. Miestni architekti včlenení do lokálnej tradície a kultúry ťažko nachádzajú primeranú istotu a suverenitu. Architektúra slovenského východu nemá dôvod pomeriavať sa s európskou špičkou, tá je často vygenerovaná konjunkturalisticky. Úroveň našej (ne)suverenity zatiaľ neumožňuje hovoriť o autochtónnej architektúre regiónu, ako si to môžu dovoliť povedzme kolegovia z Rakúska či Švajčiarska.

Architekti sa svojou tvorbou dostávajú do pohybu vďaka dobre fungujúcemu systému súťaží. Vo svete to platí naplno, u nás aspoň sporadicky. Medzinárodne etablované hviezdy tvoria v metropolách a nie vždy sú to víťazstvá. V slovenských architektonických súťažiach ceny nezriedka smerujú na náš východ, minimálne nominácie stadeto takpovediac bodujú. Košice v oblasti architektonickej kultúry „vyleteli k hviezdam" vďaka titulu Európske hlavné mesto kultúry. Udiali sa tu veci, ktoré hlavné mesto krajiny môže len závidieť. Východné Slovensko je Európa. Možno sa tu

east. And certainly the whole of Slovakia fits within the framework of the wider discussion about the architecture of the eastern Europe.

It is a bit like the world ended in Nová Sedlica — the actual border crossing thoroughly filters the traffic, but this is just a new location of the old iron curtain from Petrzalka twenty years on. Iron curtains are however nothing more than cyclical temporary provisions. In our case, they shift the eastern limits. And natural regions exist regardless of any curtains, memories outlive their bearers.

It is interesting to observe the proliferation of styles. From 1990s, organic architecture had an impact on southern and eastern Slovakia as a clear regional influence, pushed forward by prominent architects. Nowadays the architectural culture is being transported around the globe by architects following their clients and their capital. Local architects integrated with the local tradition and culture are having a difficult time in finding appropriate confidence and independence. The architecture of the Slovak east has no reason to compete with the European leading edge which is more often than not generated by conjuncture hype. The level of our independence for now does not allow for a definition of a native regional architecture the way for example our colleagues from Austria or Switzerland can.

The system of well-organized architectural competitions can set the creativity of architects in motion. While this is certainly true abroad, we can subscribe to it at least on a sporadic basis. Internationally acclaimed star architects compete in world capitals and not always win.

vrátiť k diskusii, kde a ako vlastne vznikol názov nášho kontinentu či koľko „stredov" Európy existuje a čo z toho je dôležité. Únos Európy na Krétu by mohol evokovať mytologicky podloženú centralitu, k tomu dnes máme najmenej 12 stredov podľa rôznych „objektívnych" či viac-menej tendenčných hľadísk a kritérií. Pokiaľ akceptujeme najprijateľnejší variant, zhodou okolností ten najvýchodnejší, tak celé Slovensko je západné.

Východné Slovensko je predovšetkým Slovensko, až potom východné. Pri pohľade takpovediac zvonka sa vnútorná regionalita odhaľuje ťažko, ale znalci kultúrnohistorickej drobnokresby odhaľujú jej bohatosť. Texty Erharda Buseka na tému regionalizmu sú optimistickým pladoyer za stabilitu miestnej kultúry, ktorú neohrozia multikulturalizmus a globalizačné vplyvy. V našom kontexte máme otázku, či sa periféria má snažiť o porovnávanie s centrami, alebo má suverénne žiť a čerpať zo svojej identity.

Awards in Slovak architectural competitions often go to eastern Slovakian teams — or at least these teams score notably high. Košice had skyrocketed in the field of architectural culture thanks to its title European City of Culture this year. Things happened here that even the capital city can only look up to. Eastern Slovakia is Europe. We can come back to discuss where and how did the name of our continent came about, how many "centre points" of Europe truly exist and how much of it all matters. Hijacking of Europe to Crete may evoke mythology-supported centrality; on top of that, according to various "objective" or more or less selective standpoints and criteria we have at least 12 centre points today. If we accept the most credible one, which is the easternmost by coincidence, then whole Slovakia belongs to the west.

Eastern Slovakia is Slovakia in the first place, "east" comes second. Looking in from the outside, the inner regional differences are hard to distinguish but those in the know about the cultural and historical fine print can disclose its riches. Texts of Erhard Busek's on regionalism are an optimistic plea for stability of the local culture which cannot be endangered by multiculturalism and globalisation influences. In our context, the question is whether the rural areas should try to measure up to urban centres or should it rather live independently from its own identity.

Súčasná architektúra na východe Slovenska
Contemporary architecture on East Side of slovakia

Bardejou

Suidník

Prešou

Humenné

Uranou nad Topľou

Košice

Michalouce

mapa realizácií
map of realizations

19

Miestny a medzinárodný: Osobné trendy nasledujúce tradíciu

„Medzinárodný trend preferovania minimalistických foriem možno označiť za návrat moderny len čiastočne — v tomto stredoeurópskom regióne je moderná architektúra hlboko zakorenená."

Zorán Vukoszáulyev

Local and international: Personal Trends Following Tradition

"The revival of Modernism can partly be considered the international trends of minimalist fashion — modern architecture is deeply rooted in this Central European region."

Zorán Vukoszávlyev

Znaky súčasnej architektúry v stredoeurópskom regióne môžeme sledovať na rozsiahlej škále príkladov. Posun v tvorivom procese a nový prístup však najlepšie vidieť na realizáciách veľkých rodinných domov — solitérov, navrhovaných pre solventných klientov. Napriek tomu poznáme príklady kvalitnej architektúry aj v kategórii občianskych stavieb. Obchodné domy, nákupné centrá a multifunkčné komplexy odrážajú komerčný zámer investorov oslobodený od prísnych finančných limitov. Ale aj budovy financované zo skromných rozpočtov verejnej správy môžu vykazovať vysokú architektonickú úroveň, najmä keď ide o revitalizácie budov, pri ktorých boli zachované pôvodné historické hodnoty. Obnova takýchto stavieb sa začala vo veľkom realizovať len nedávno a niektoré príklady sú naozaj vynikajúce.

Pri pohľade na výber objektov z východného Slovenska môžeme konštatovať, že podobné dianie v architektúre sledujeme aj tu. Za zmienku stoja dva hlavné príklady architektonickej produkcie. V našom regióne to bol práve rodinný dom, ktorý najviac reflektoval najprogresívnejšie trendy, medzinárodné tendencie a moderný životný štýl. Nové prvky sa jednoduchšie a rýchlejšie presadzujú v objektoch menšej mierky. Mnohé z nich pracujú s odkazom skorých rokov 20. storočia. Medzinárodný trend preferovania minimalistických foriem možno označiť za návrat moderny len čiastočne — v tomto stredoeurópskom regióne je totiž moderná architektúra hlboko zakorenená. Len vďaka spolupráci s náročným klientom môžu vznikať objekty, aké realizuje napríklad architektonický ateliér Atrium (*Vila P, Košice*). Vzhľadom na situáciu v stavebnej praxi, ktorá nie je veľmi priaznivá, je vysoká úroveň týchto objektov pozoruhodná. Ideálnym príkladom progresívneho prístupu v tvorbe je rodinný *Dom H v Košiciach* od architektonického ateliéru KSA, ktorý nasleduje tradíciu moderny v duchu minimalistických stavieb architekta Miesa van der Rohe. Tento koncepčný prístup je typický pre mladých architektov,

Miestny a medzinárodný: Osobné trendy nasledujúce tradíciu
Local and international: Personal Trends Following Tradition

Zorán Vukoszávlyev

The appearance of contemporary architecture in the Central European region can be observed on quite a large scale. This process can easily be seen in the field of stately, high-class detached houses. However, architects design valuable projects in public constructions as well. The freedom of investors' intentions is present in market-oriented buildings while the limited budgets of public investment also represent a high architectural standard, which includes the restoration of buildings with the aim of preserving their historical value. The latter has recently appeared on a large scale and is particularly outstanding.

Looking at the examples of the architecture of Eastern Slovakia, we can see the emergence of congruent processes and trends that support our findings mentioned above. Two valuable segments are worth mentioning: single-family house construction has always represented the most progressive trend in our region; international tendencies and fashionable lifestyle designs appear — in a good sense — very quickly and directly in these small-scale buildings. We can see here the reinterpretation of the dawn of the 20th century. The revival of Modernism can partly be considered the international trend of minimalist fashion — modern architecture is deeply rooted in this Central European region. The buildings designed by Atrium architects (*Vila P, Košice*) could only be constructed as a result of the cooperation with a demanding client — although considering the general practice in building industry, the high standard of construction is remarkable. The best example of a progressive search for the development is the house designed by KSA, which follows modernist traditions and was built according to the minimalist construction of Mies van der Rohe (*House H, Košice*). This conceptual approach is typical of offices of young architects, representing the search for ways as well as modernist continuity, working together with their clients on the renewal of contemporary home

ktorí v spolupráci s klientom tvoria súčasné privátne bývanie, pričom tento systém sa vyznačuje hľadaním ciet a kontinuitou modernizmu. *Dom N v Petrovanoch* navrhnutý architektmi zerozero je výborným príkladom minimalistickej, i keď mierne trendovej estetiky. Ide tu o experiment, ktorý svojou stavebnou kompozíciou a použitým materiálom zväčšuje rozhranie modernistickej architektúry. Realizácie architektov Michala Mihaľáka a Jána Kanócza (*Chata Maša v Nižnom Klátove*) a Jany Račkovej (*Rodinný dom v Rozhanovciach*) vykazujú svieži dynamizmus. Kompozícia týchto objektov reflektuje prístup mladej generácie architektov, ktorá citlivo vníma aspekty prechodného bývania, multifunkčný ráz týchto objektov, a prednostne volí drevo ako stavebný materiál (vychádzajúc z lokálnych klimatických podmienok by to mal byť výhradný materiál). Títo architekti pritom kladú dôraz na tvorbu osobných priestorov, ktoré odzrkadľujú potreby budúcich užívateľov. *Chaty CL a IL* na Domaši navrhnuté architektmi zerozero sú najkompaktnejšími príkladmi týchto tendencií — koncepčne usporiadané priestrové formy, bohaté na výhľady, pričom obidva tieto objekty sa vyznačujú rozvážnym, technicistickým použitím materiálov a citlivo komponovanou fasádou. Na jednej strane uniformita a snaha o kompaktnosť umožňujú stavať tieto domy ekonomickejšie, na druhej strane spomínané atribúty robia tento typ architektúry veľmi osobitou.

Nástup high-tech trendu iniciovali najmä zadania komerčne orientovaných investorov. Keďže je aplikácia inteligentných technológií podmienená vysokým rozpočtom, len zriedkakedy tento štýl zaznamenávame v prípade súkromných rodinných domov (*Vila na plese v Novej Lesnej*), oveľa častejšie a v súčasnosti s veľkou obľubou sa používa v prípade administratívnych budov (*GasOil v Spišskej Teplici, Cassovar a Phoenix Zeppelin v Košiciach*), hotelov (*Hotel Sorea Baník na Štrbskom plese*), športových hál (*Aréna Poprad a Skyboxy HC Lev Parkovací dom Steel Aréna Košice*) a podobne. Objekty Petra Abonyiho, ktoré spadajú do tejto kategórie, vynikajú kvalitou — charakteristické sú svojou komplexnosťou, funkčnou sebaistotou a konštrukčnou krásou. Odkaz modernizmu sa tu prejavuje prostredníctvom vhodného rozvrhnutia priestorovej kompozície a v logickej artikulácii hmôt. Skúsení architekti sú schopní túto triezvosť dosiahnuť aj v prípade stavieb s obmedzeným rozpočtom. Väčšinou to máme možnosť vidieť na architektonickej kvalite verejných budov, kde architekt síce tvoril v rámci určitých limitov, ale pritom sa nevzdal základných stavebných hodnôt. V takomto prípade sa elementárna kostra stavby môže stať estetickým akcentom budovy (*knižnica Technickej univerzity v Košiciach, Umelecká škola v Smižanoch*). Niekedy sa architekti snažia artikulovaním určitej hmoty dosiahnuť unikátny výraz architektúry (*Hospic sv. Alžbety*

building. The house of zerozero (*House N, Petrovany*) is a successful attempt in the direction of minimalist, but slightly trendier, aesthetics, an experiment which expands the means of modernist architecture with its articulated building composition and use of materials. The buildings of Michal Mihaľák and Ján Kanócz (*Cottage Maša, Nižný Klátov*) and Jana Račková (*Family House, Rozhanovce*) represent youthful dynamism. The composition of their houses shows the approach of young people who are sensitive to transitional spaces and their multifunctional use, and by using timber as a building material (which should always be applied with respect to our climate) they concentrate on the creation of personal spaces. The cottages of zerozero (*Cottage CL, Cottage IL, Domaša-Dobrá*) are the most compact examples of this trend: they design conceptual spatial forms that offer splendid views, their buildings are typical of the austere and technicist use of materials, and they compose the mass and facades sensitively. On the one hand uniformity and striving for compactness result in houses that can be built economically, on the other hand, it makes this kind of architecture very personal.

The emergence of high-tech is mainly the result of investors' market-oriented aspirations. Due to the high cost of land, the design rarely appears in single-family hous-

es (*Villa on the Lake, Nová Lesná*), while it is used as a popular style in office buildings (*GasOil, Spišská Teplica and Cassovar, Košice*), public buildings with commercial (*Phoenix Zeppellin, Košice*) and service functions (*Hotel Sorea Baník, Štrbské pleso*) as well as sports facilities (*Parking building Steel Arena, Košice and Arena and Skyboxes, Poprad*). Among these, the buildings of Peter Abonyi are executed in outstanding quality: they are characteristic of complexity, functional self-confidence and the beauty of construction. The surviving tradition of Modernism appears in the appropriate layout compositions and in the logical articulation of forms. This austerity created by skilful architects can also be experienced in the houses designed with limited financial resources. It can mostly be seen in the architectural quality of public buildings, where the architect could only design the building within certain financial limits, but he/she did not give up the basic engineering values. In this case, the basic structure often becomes an aesthetic element to show the structure (*Library of Technical University Košice and Art school, Smižany*). Sometimes architects try to make this element more unique with the articulation of the mass (*St Elizabeth's Hospice, Ľubica and Social Service Centre, Poprad*), even to a degree that it debases the building and

v Ľubici, Stredisko sociálnych služieb v Poprade), dokonca do takej miery, že vo finále to daný objekt diskredituje, skladbe hmôt totiž chýba logika (*City Park Club v Košiciach*).

V prípade nízkorozpočtových stavieb môže byť práve eskalácia skladby hmôt a fasád určitým východiskom, ako predísť strate architektonického výrazu. K takémuto riešeniu sa utiekajú viaceré mladé architektonické ateliéry. Skôr než kontroverzne zložité kompozície fasád (*Nová Terasa v Košiciach*) či kubistickú módnosť (*SPOT Važecká v Košiciach*) treba niekedy vyzdvihnúť funkčné, nanajvýš triezve zásahy, ktoré skvalitnia budúcu prevádzku objektu (*SPOTs — Ľudová, Wuppertálska, Štítová v Košiciach*).

„Parazitujúca architektúra" bola trendom prelomu tisícročia reprezentujúcim proces reurbanizácie. Prístavby, nadstavby a dostavby sa realizovali s cieľom revitalizácie pôvodného objektu, respektíve lokality v zmysle funkčne generovaných aktivít. Vzťah kontrastov sa stal takmer povinným kompozičným elementom takéhoto druhu intervencií a umožnil vyniknúť rôznorodosti materiálov a výrazu foriem (*sídlisko CMYK v Prešove*). Tento typ architektonickej skladby pretrváva pri obnove budov aj naďalej, ponúkajúc súčasnej architektúre prebohatý zdroj možností. Obnovy, v rámci ktorých sa zachovali charakteristické prvky historických budov, len oživujú existujúcu štruktúru, snažiac sa čo najviac zachovať špecifický výraz objektu (*Energo Control v Košiciach*). V niektorých prípadoch je, žiaľ, rozsah zásahov taký enormný, že pôvodná atmosféra architektúry sa takmer úplne stratí (*Bauerneblov dom v Košiciach*). Omnoho lepší vzťah starého a nového môže vzniknúť v prípade, že nové prvky dopĺňajú pôvodné priestorové usporiadanie vychádzajúc z funkčných nárokov aktuálnej doby (*Štátna vedecká knižnica v Košiciach*). Revitalizácie sú, samozrejme, produktívnou stavebnou oblasťou, ktorú živí silný spoločenský záujem — zachovávať nielen pamiatkovo chránené stavby mimoriadnej hodnoty, ale aj objekty, ktorých podoba a architektonický naturel určujú ráz určitého distriktu, čím sú pevne späté s kolektívnou pamäťou. Niektoré konverzie ponechávajú budovám industiálny výraz, napriek tomu, že pôvodné technické vybavenie zmizlo (*Energo Control a Bauerneblov dom v Košiciach*). Ako teda môžeme pozorovať, na miere súčasných vstupov skutočne záleží. Nie sú však výnimočné situácie, keď sa konverzia realizovala na úkor pôvodných hodnôt. V šťastnejších prípadoch je výsledkom reorganizácia objektu, keď sa dokonca môže podariť zachovať pôvodnú funkciu budovy, respektíve sa jej stanoví úplne nová programová náplň.

Využitie industriálnych stavieb na kultúrne účely súvisí s medzinárodným trendom (*Tatranská galéria v Poprade*), za úspešnú zmenu funkcie môžeme považovať konverziu býva-

---

has a contradictory logic (*City Park Club, Košice*).

Enhancing the composition of forms and surfaces can also be the feature of the low cost of the building work as a kind of escape from featurelessness. Still, many young architectural offices turn to this means. Instead of controversially complicating the facade composition (*New Terrace, Košice*) or using cuboid trendiness (*SPOT Važecká, Košice*), sometimes the functional, expressly austere interventions lead to solutions, which are worth mentioning (*SPOTs — Ľudová, Wuppertálska, Štítová, Košice*).

"Parasite–architecture" was the trend of the turn of the millennium, representing the process of re-urbanization. Parasitic extensions to existing buildings, attachments and completions are added with aim of revitalizing the building or the location by means of the function-generated activity. This contrasting relationship has become an almost obligatory composition element of this kind of interventions, and it has led to the use of different materials or design of forms (*CMYK Housing Estate, Prešov*). This type of architectural composition persists in building revitalizations, providing the richest repository of contemporary architecture. Interventions, which use the characteristic elements of historical buildings, just live on the existing structure, trying to make use of its clearly identifiable image (*Energo Control, Košice*). Unfortunately, the scale of these interventions is sometimes so large that the original atmosphere almost completely disappears (*Bauernebl House, Košice*). A much better relationship can be established when the new element completes the original spatial system only with the functional demands of our time (*The State Scientific Library Košice*), this is a productive construction scene, which is fed by a strong social need: to save not only the listed buildings with outstanding value but also the houses that form the architectural character of an area/district and are closely connected with the collective memory. Some of the conversions preserve the character of industrial buildings without the original machinery (*Energo Control, Košice and Bauernebl House, Košice*). However, as we can see, the scales of contemporary extensions do really matter; the situation appears to be somewhat anomalous where the extension was built at the expense of the original value. Reorganization results from much more fortunate situations: it can either preserve the original function or achieve a completely new purpose. The utilization of industrial buildings for cultural purposes follows international trends (*Tatra Gallery, Poprad*), but the conversion of the former swimming pool into an exhibition hall can also

lej plavárne (*Kunsthalle v Košiciach*) či revitalizáciu pôvodne nevyužitého podkrovia (*Východoslovenské múzeum v Košiciach*) na výstavné priestory. Nádherné pôvodné stavby sa v tomto prípade menia na jednu z hlavných atrakcií mestskej architektúry. Upriamuje to tiež pozornosť na nový trend — estetika stavby sa začína stávať integrálnou alebo prinajmenšom akceptovanou súčasťou moderného spôsobu myslenia. Ide o veľmi hodnotný proces, ktorý sa často uplatňuje pri obnove a ochrane predmetov architektonického dedičstva (*rímskokatolicky Kostol Zvestovania Pána v Novej Lesnej*).

Spoločenská úloha architektúry je najmarkantnejšia v sfére stavieb, ktoré vzbudzujú verejný záujem. Objekt, ktorý súčasne disponuje architektonickou kvalitou, zohráva významnú úlohu v utváraní rázu verejného priestoru. Môžeme to pozorovať na príklade obnovy bývalých kasární (*Kulturpark v Košiciach*), ktorá môže byť čiastočnou odpoveďou na vyššie položené otázky — nakoľko precízne a ohľaduplne sa dá pristupovať k pôvodnému objektu vychádzajúc pritom z pocitu zodpovednosti architekta voči spoločnosti. Ale architektonické diela, ktoré sú situované mimo mestskej urbanizácie, sú takisto dobrým príkladom. Tieto stavby sa javia takmer ako objekty — priestorová koncepcia neprotežuje konkrétnu budovu, respektíve predmet, naopak, vytvára kompaktný rámec miesta (*Dom smútku v Bysteri* a *Hradný areál v Košiciach*), svojou diskrétnou prítomnosťou nechávajú vyniknúť hodnotám daného miesta (*Vyhliadkový mostík na Lomnickom štíte*). Ak si to lokalita vyžaduje, architekt ustúpi, čo vidieť na príkladoch nanajvýš etických a ekonomických koncepciách týchto objektov (*Chata pod Rysmi, Štrbské pleso*).

V závere našej analýzy je potrebné zdôrazniť jeden špecifický trend. Vo viacerých častiach sveta sa objavuje architektonický prístup, ktorý si kladie za cieľ „vylepšenie" modernizmu (determinujúceho 20. a 21. storočie) a súčasne vyjadrenie osobných potrieb jednotlivca. Namiesto niektorých extravagantných prejavov silnej viery v citlivosť navrhovania sa tento trend javí byť pozitívnejší a pravdivejší na príkladoch, kde zostávajú zachované pôvodné princípy modernizmu (funkčnosť, konštrukčná logika, priestory prestúpené svetlom), a tam, kde sa architekti snažia o citlivejšiu realizáciu prostredníctvom jednoduchého vyjadrenia foriem.

Objekty, ktoré sa svojím tvaroslovím odvolávajú na abstraktné prírodné formy a kompozície, vyjadrujú osobitosť azda najviac. Vidíme to na príklade rímskokatolíckeho *Kostola Božieho milosrdenstva v Košiciach* od Petra Pásztora a spoluautorov, ktorý je vynikajúcim príkladom organickej architektúry vyskytujúcej sa aj v maďarskom prostredí. Ide o architektúru východoeurópskeho pohraničia spĺňajúcu miestne, ale aj medzinárodné kritériá kvality.

be considered a successful change of function (*Kunsthalle, Košice*), as well as the revitalization of a huge loft (*East Slovakian Museum, Košice*). In these cases the original, grandiose structure turns out to be one of the main attractions of the public space. It also highlights a new trend: engineering aesthetic is starting to become an integral or at least accepted part of the modern way of thinking. It is a very valuable process that is often applied to the conservation of monuments of architectural heritage (*Roman-Catholic Church of the Annunciation, Nová Lesná*).

The social role of architecture is largely emphasized by the works that stimulate activity. A house, which also represents architectural quality, plays a major role in the creation of public spaces. We can find the reutilization of former barracks (*Kulturpark, Košice*) partly as a response to the abovementioned issues and as precise and conspicuous contemporary architectural interventions complying with the recently aroused feeling for social responsibility — but architectural works, which are constructed in the regions away from urbanization fit in the same line. These buildings almost seem like objects — their appearance does not prioritize the construction but provides a frame for the place (*Mortuary, Byster and The Castle area, Košice*), their reserved presence emphasizes the values of the location (*View-bridge, Lomnický Peak*). When necessary, the architect withdraws and a very ethical and economical way of thinking emerges from these houses (*Rysy Chalet, Štrbské pleso*).

At the end of our study we want to emphasize one particular trend. In several parts of the world, an architectural approach appears with the aim of refining Modernism, which determined the 20th and 21st centuries, and showing the need for individuality. Instead of some extravagant manifestations of a strong belief in the sensitivity of creation, the trend seems to be more positive and true where the basic principles of Modernism (functionality, design logic, spaces penetrated by light) are kept, and where the architects try to create a more emotional implementation only with a weaker articulation of forms. Buildings, which relate in an abstract way to forms and compositions occurring in nature, emphasize personality — the church in Košice designed by Peter Pásztor and his associates (*Roman Catholic Church of the Mercy of God, Košice*) is an outstanding example of organic architecture also present in Hungarian architecture. It conveys architecture with the local and at the same time international quality from the eastern borderland of Europe.

Vila P
Villa P

2012

miesto / location	architekti / architects	ceny a nominácie / awards and nominations
Karlovarská Košice	**ATRIUM ARCHITEKTI** Dušan Burák, Michal Burák	CE.ZA.AR 2012 — nominácia / nomination CE.ZA.AR 2012 — cena verejnosti / price from the public

spolupráca / in collaboration with

Marek Bakalár

www.atriumstudio.sk

V interiérovom aj v exteriérovom výraze podáva realizácia rodinného domu Vila P veľavravný dôkaz o vyspelom autorskom rukopise architektov. Dielo vyniká príkladným naplnením architektonickej substancie v konzistentnom celku aj v nenápadných — nápaditých detailoch; definuje aktuálne platné parametre sofistikovaného bývania.

Stavba je komponovaná ako jednoduchý trojpodlažný kváder, osadený na hranu svahovitého pozemku. Zo strany ulice je k hmote domu priradená garáž, akcentovaná dreveným obkladom. Popri nej sa vstupuje priamo na stredné podlažie s obytnou halou; z neho možno vystúpiť na privátne poschodie spální alebo klesnúť do čiastočne zapusteného technického suterénu s veľkou viacúčelovou sálou. Komplikáciu s prudko klesajúcim pozemkom (ťažko prístupnou záhradou) architekti vyriešili proteticky — kvádru domu zo záhradnej strany pričlenili membránu oceľovej mriežky, do ktorej osadili pobytové terasy a prestrešenie. Práve cez karteziánsky prísny raster jednotlivé obytné podlažia hľadia veľkorysými oknami na západ na malebný výhľad do ďalekej krajiny.

Both in its exterior and interior expression, the construction of the family house Villa P is a proof of an advanced style of the architects. The work stands out in its exemplary fulfillment of an architectural substance in a compact entity as well as in unobtrusive but resourceful details and thereby reaffirms the actual valid parameters of a sophisticated living.

The building is composed as a simple three-storey block shape placed on the edge of a sloped parcel. Emphasized by wood cladding from the street view, the garage is attached to the volume of the house. Proceeding along the garage, you enter the house through a hall at the middle level, from where you can get up into the private bedroom level or to the partially underground technical basement downstairs where a large multi-purpose room is located. Complicated steep downhill terrain (with a difficult garden access) architects approached in a "prosthetic" manner — they have embedded terraces and a canopy into a steel grid membrane attached to the block form of the house at the garden side. And through a strict Cartesian framework, each level with large windows facing west onto the picturesque panorama of the open country.

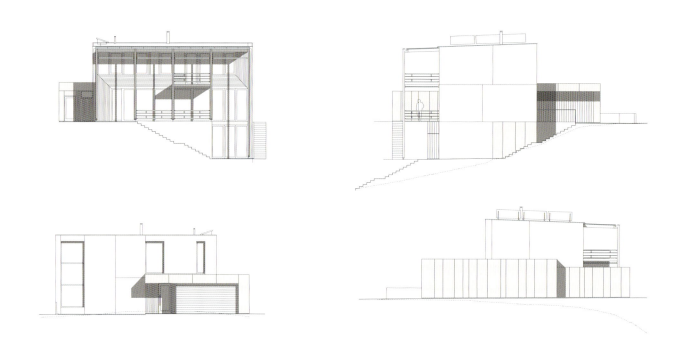

Súčasná architektúra na východe Slovenska
Contemporary architecture on East Side of Slovakia

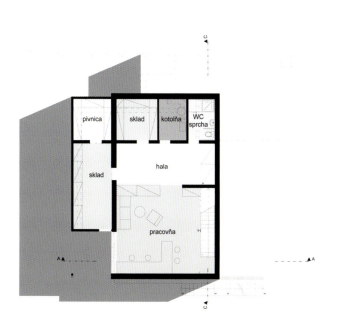
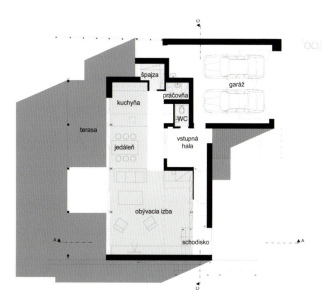

Rodinný dom
Family House H

2008

miesto / location	architekti / architects
Suchodolinská Košice	**KSA.** David Kopecký, Ján Studený

spolupráca / in collaboration with

Norbert Gáfrik, Kateřina Horáková

www.ksastudeny.sk

Architektonická koncepcia domu pracuje so záhradou. Lokalitný program architekti rozdelili do dvoch objektov, ktoré situovali na protiľahlé strany pozemku. Priestor záhrady je týmito objektmi definovaný, zviditeľnený. Kompozícia pritom ťaží zo svahovitého pozemku.

Montovaný obytný „kontajner" spočíva na oceľových stĺpoch. Fyzický kontakt s terénom je minimalizovaný na translucentný objem prízemia a veľkú terasu opretú o svah. Dom sa presklenou fasádou otvára smerom do záhrady, pričom protisvah koriguje prípadnú stratu jeho intimity. Kompaktnosť sklenenej fasády je dotiahnutá do detailu so všetkými dôsledkami.

Každá realizácia ateliéru KSA. je vzácnosť. Koncepcia architektúry bez architekta alebo téorie konca architektúry, na ktorých ateliér principiálne zakladá svoje výstupy, posúvajú tento tvorivý kolektív viac ku konceptuálnej ako komerčnej činnosti. Ich fyzické diela preto pútajú mimoriadnu pozornosť. Napriek malému počtu realizácií dokázali ksa. posunúť česko-slovenskú architektonickú scénu na svetovú úroveň.

The architectural concept of the house originates from the garden. The architects have split the programme into two volumes, placing these on the opposite ends of the site. The garden is thus framed and emphasised through these two volumes. The composition also benefits from the sloping nature of the land.

Prefabricated residential "container" is supported on steel columns. The physical connection with the ground plane is minimised to a translucent volume on the ground floor and a large terrace leaning against the slope. The house opens up towards the garden through its glass façade, while the potential loss of privacy is mitigated by another slope on its opposite end. The compactness of the glass facade is worked though to the smallest detail.

Atelier ksa. consider every one of their projects uniquely. The concept of architecture without an architect or theories of the end of architecture, on which the studio bases its proposals, pushes this creative team to more conceptual than commercial activity. Their built works therefore attract extraordinary attention. Despite the small number of built projects ksa. manages to push the Czech and Slovak architecture onto the world stage.

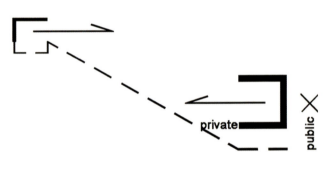

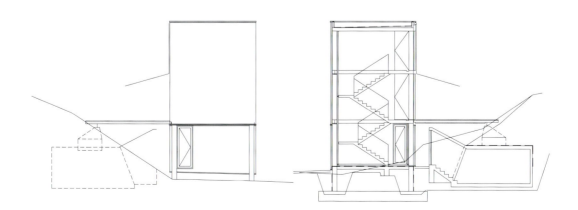

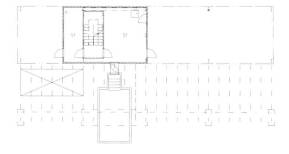
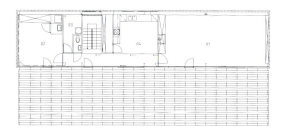
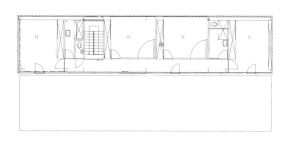

41

Rodinný dom
Family House

2009

miesto / location	architekti / architects
Petrovany	**ZEROZERO** Pavol Šilla Irakli Eristavi Martin Jančok Silvia Miklušová

www.zerozero.sk

Dispozícia domu N imituje princípy usporiadania tradičného dedinského domu, najmä lineárnou dispozíciou orientovanou kolmo na prístupovú cestu. Jednotlivé miestnosti sú radené za sebou na celú šírku traktu, pozdĺž priebežného gánku. Izby sú prechodné v takej postupnosti, ktorá neobmedzuje každodenný životný scenár rodiny.

Napriek dispozičným podobnostiam, formálne odkazy na tradičnú dedinskú architektúru vo výraze tohto domu nenájdeme. Je striktne moderný; jeho jednoduchá až rukolapná forma pritom nestráca na výtvarnosti. Dom má pôdorysný tvar písmena L, aby si vytvoril od ulice uzatvorený dvor, do ktorého sa všetky miestnosti otvárajú celopresklenou fasádou.

Dekór nájdeme len v podobe abstraktnej štruktúry obkladových dosák, ktoré veľkým fasádnym plochám dodávajú detail a súčasne im prepožičiavajú svoju vizuálnu hrubosť, drsnosť. Architektonický výraz domu v Petrovanoch balansuje niekde medzi racionalitou jednoduchej, cenovo dostupnej obytnej architektúry a sofistikovanosťou detailne premysleného architektonického a dispozičného riešenia.

The layout of House N imitates the principles of a traditional village house arrangement, in particular through its deep linear plan perpendicular to the street. Rooms are aligned sequentially down the entire depth and are accessed from an open corridor. The rooms are arranged in a sequence that does not restrict the everyday movement scenarios of the family living there.

Despite similar footprint, we won't be able to find any formal references to the local vernacular in the architectural expression of this house. It is strictly modern, its simple, even self-evident form doesn't lose a sense of artistic touch. The house plan unfolds into an L-shape to form a courtyard hidden from the street. All of the rooms open up to this courtyard through a fully glazed façade.

Decorative elements can be found only in the form of the abstract structure of the external panelling, which add detail and texture to the elevation, creating a visual roughness and coarseness. The architectural expression of the house in Petrovany strikes a balance between a rationale of simple and affordable residential architecture and the sophistication of a carefully considered internal spatial arrangement and architectural detail.

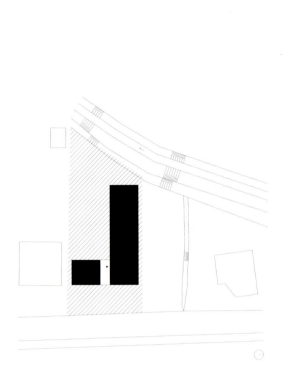

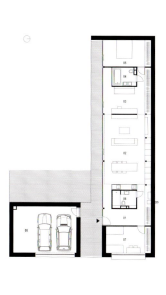

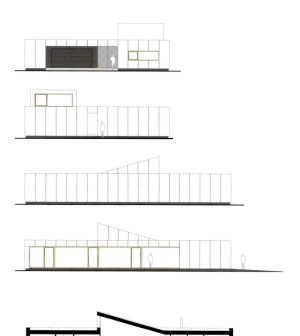

Chata
Cottage
Maša
2011

miesto / location	architekti / architects	ceny a nominácie / awards and nominations
Nižný Klátov	Michal Mihaľák, Ján Kanócz	CE.ZA.AR 2013 — víťaz / winner
	www.mihalak.eu	

Formu chaty generuje kompozícia dvoch klinovitých objemov, navzájom tektonicky zapustených. Strešné roviny obidvoch objemov stúpajú proti sebe a v geometrii ich prieniku vytvárajú úzke štrbinové svetlíky, ktoré presvetľujú vnútro dispozície. Architektonická koncepcia skvele reaguje na tvar mierne svahovitého terénu, do ktorého je citlivo vložená. Chata je zdvihnutá nad terén, vizuálne spočíva na zalomenom plató s dvoma výškovými úrovňami.

Zaujímavé sú použité materiály a konštrukcia chaty: u nás málo používané panely masívneho dreva. Striedanie fošní dvoch rozličných šírok vytvára na paneloch povrchové drážkovanie, ktoré vnímame na fasáde a potom aj v interiéri chaty. Veľkým dreveným plochám drážkovanie dodáva jemnú kresbu a detail.

Atraktivita tejto architektúry pramení v dynamickej forme, „vznášajúcej sa" v prostredí krásnej prírody. Masívna drevená konštrukcia je pre ňu úplne prirodzená. Jej vôňa spolu s okolitou scenériou a zvukovou kulisou šumiaceho potoka v blízkosti vyznieva ideálne.

The form of the cottage is generated by a composition of two tectonically embedded wedge-shaped volumes. The roof planes of both volumes are rising against each other, forming a narrow row of slit skylights on their intersection that brings light into the interior. The architectural concept works very well with the slightly sloping terrain. The cottage rises above its level, visually resting on a cranked plateau with two height levels.

The cottage is constructed using timber panels, which are rarely used in Slovakia. By alternating the planks of two different widths, grooves are created on the panel surface, which can be perceived both on exterior and interior of the cottage, adding a subtle pattern and detail to the large timber panels.

The attractiveness of this architecture springs from the dynamic form "hovering" in its beautiful nature surroundings. The solid wood construction lends itself naturally to the project. The scent of wood together with the surrounding scenery against the background sound of the flowing creek nearby sounds like a perfect place to relax.

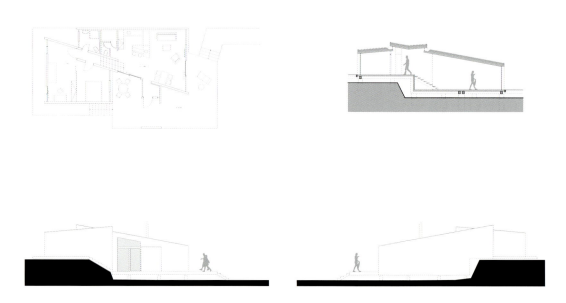

Chata Maša
Cottage Maša

Rodinný dom Rozhanouce
Family House Rozhanouce

2011

miesto / location	architekti / architects	ceny a nominácie / awards and nominations
Ulica SNP Rozhanovce	Jana Račková, Pavol Škombár www.tvojdom.eu	BEFFA 2012 — víťaz krajského kola / winner of regional round BEFFA 2012 — 2. miesto v česko-slovenskom finále / 2nd place in the Regional Finals

Architektonická koncepcia domu v Rozhanovciach pracuje s prvkami ekoarchitektúry, ako je drevená fasáda, dominantné južné presklenie, tieniace prvky či zelená strecha. Tieto elementy latentne navodzujú príjemný obytný ráz domu. Energetická úspornosť stavby je však podmienená aj technológiou vo forme aktívnych solárnych systémov či riadeného vetrania s rekuperáciou tepla.

Vzájomný pomer týchto elementov zostáva na architektovi a jeho chápaní vzťahu medzi architektúrou, energiou a prírodou.

Udržateľná architektúra má dlhú históriu; z pôvodných romantických predstáv o bývaní v symbióze s prírodou sa cez rozmanité low-tech a hi-tech alternatívy postupne transformovala do pragmatickej, energeticky efektívnej formy „takmer nulového domu".

Súčasnú architektúru formuje energia. Dom v Rozhanovciach energiu šetrí, využíva jej obnoviteľné zdroje a vytvára energický priestor. Zatiaľ čo väčšina architektov cestu k udržateľnej architektúre stále hľadá, autori tohto domu ponúkajú vyzretý, ucelený názor na energeticky efektívnu formu obydlia. Niekde tu sa začína naša cesta k európskej smernici 20–20–20.

The architectural concept of the house in Rozhanovce works with elements of sustainable architecture, such as the wooden facade, the dominant southern glazing, shading elements and green roof. These elements induce a pleasant residential character into the house. Low energy use is achieved through the building's technology in form of active solar systems and controlled ventilation with heat recovery. The arrangement and correlation of these elements is up to the architect's interpretation of the relationship between architecture, energy and nature.

Sustainable architecture has a long history; from the original romantic concepts of living in harmony with nature it has been gradually transformed through a variety of low-tech and hi-tech alternatives into a pragmatic, energy-efficient form of "almost zero house".

Contemporary architecture is defined through energy. The house in Rozhanovce saves energy and uses its renewable resources, producing an energetic space. While most architects are still looking for the right path towards sustainable architecture, the architects of this house offer a developed and integrated view on energy-efficient form of dwelling. Somewhere here our journey to the European Directive 20–20–20 begins.

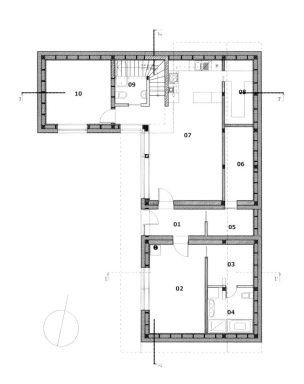

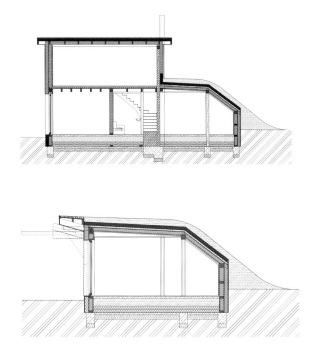

Rodinný dom Rozhanouce
Family House Rozhanouce

Chata
Cottage
CL

2010

miesto / location	architekti / architects
Domaša–Dobrá	**ZEROZERO** Irakli Eristavi, Pavol Šilla, Silvia Šillová

www.zerozero.sk

Drevený kubus na brehu jazera, uzatvorený do svojej tmavohnedej doskovej fasády. Marginálna až banálna, alebo zámerne nenápadná, pritom účelná a nečakane atraktívna architektúra?

Polohovateľné paravány na fasáde zásadne vstupujú do architektonického výrazu stavby. Keď majitelia chatu práve obývajú, odsunutím paravánov otvoria presklené plochy smerom k dominantným výhľadom na Domašu a na pozemok vedľa chaty. Pri odchode nimi chatu opäť bezpečne uzatvoria. Popri neodškriepiteľnej účelnosti dodáva tento moment architektúre aj istú mieru hravosti.

Dôležitým faktorom pre vnímanie tejto stavby je situovanie na pozemku a jej vzťah k susednej chate IL, ktorej autorom je zhodou okolností tiež ateliér zerozero. Medzi chatami vzniká záhrada — voľný priestor, ktorý prevzdušňuje inak hustú a neregulovanú zástavbu rekreačných objektov v okolí. Svojím zovňajškom sú na prvý pohľad rozdielne, no medzi obidvoma chatami cítiť latentný priestorový a proporčný úzus, ktorý kultivuje ich vzájomné susedské vzťahy rovnako ako ich bezprostredné okolie.

A cube on the lake's edge is encapsulated by its dark brown timber panelling. Marginal, even banal, or intentionally inconspicuous while at the same time purposeful and unexpectedly attractive architecture?

The architectural expression of the cottage is driven by its adjustable façade panelling. When the owners are staying in, they open up the windows by sliding the panels aside, revealing the dominant views of Lake Domaša and the land next to the cottage. When leaving they effectively seal the cottage by closing the panels again. Besides its practicality, these flexible elements create a moment of playfulness.

An important factor in the perception of the cottage is its location on the site and its relationship to neighbouring cottage IL, designed also by zerozero. The garden space between the two cottages creates an opening in the otherwise dense and unregulated development of holiday homes in the area. At first sight the two cottages appear different, but on closer inspection one can note a spatial and proportional resonance cultivating their neighbourly relationship as well as that with their immediate surroundings.

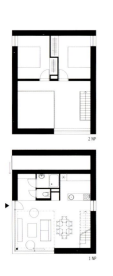

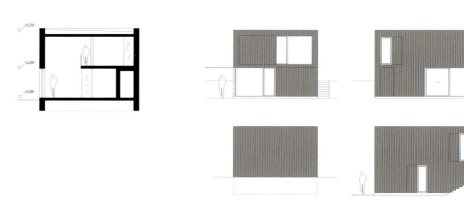

Chata
Cottage IL

2009/2010

miesto / location	architekti / architects
Domaša–Dobrá	**ZEROZERO** Irakli Eristavi, Pavol Šilla, Silvia Šillová

www.zerozero.sk

Rekreačná chata IL je tou staršou, užívateľsky statickejšou, v architektonickom programe subtílnejšou a vo výraze expresívnejšou polovicou „súrodeneckej dvojice" stavieb IL/CL, umiestnenej v pomerne exploatovanej časti chatovej oblasti Domaša–Dobrá.

Drobná stavba je rozvinutá na dvoch podlažných úrovniach, vzájomne posunutých vo svižnom znakovom geste exteriérovej siluety, zvýraznenej celistvým materiálovým riešením (strechu aj fasádu pokrýva jednotiaci, v textúre šupinatý plášť z vláknocementových dosiek). Špecifické tvarové riešenie tak objektu dáva triezvu realistickú mierku; vnútri zas generuje pomerne uhrančivú priestorovú situáciu, podriadenú logickej účelnosti. Elementárny dispozičný rozvrh chaty — vzdušná obytná hala so zázemím v prízemí, alternovaná privátnym podlažím spální — je známkou pragmatického prístupu. V interiérovom výraze ho kultivuje výtvarne ušľachtilá práca s dramaturgiou plôch a povrchov (s mierne minimalistickým príznakom stratégie „all-over": strop aj steny sú obložené panelmi z preglejky, podlahu v rovnakom odtieni stvárňujú fošne smrekovej palubovky).

Located in rather crowded part of a recreational area of Domaša-Dobrá, recreational cottage IL is the older of the IL/CL twins; from the user standpoint it is more grounded, leaner in its architectural brief, yet more expressive of the two. This tiny building is a two-level design, with the two storeys shifted against each other in a swift exterior silhouette gesture, emphasized by consistent exterior materials (both the roof and the facade have a homogenous scaly-textured cladding of cement fibre boards). Unique shape has granted the building a sober human scale and in the interior it resulted in a fairly captivating space arrangement following a strict utilitarian logic.

Having a lofty hall with a backdrop at the ground floor with and a private upper floor with bedrooms, the elementary layout of the cottage speaks of a pragmatic design approach. Interiors had been cultivated by an artistically refined dramatic work with surface finishes (with mildly minimalistic "all-over" strategy: both the ceilings and walls are clad in plywood panels while flooring has been finished with spruce boards in the same colour).

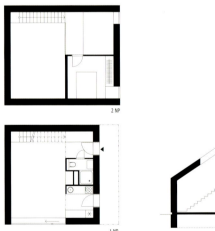

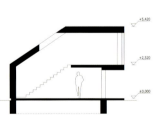

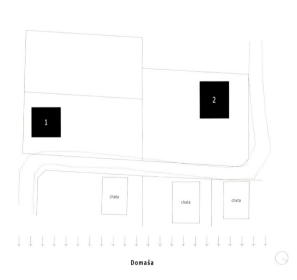

Súčasná architektúra na východe Slovenska
Contemporary architecture on East Side of Slovakia

Vila na plese
Mountain Lake Villa

2008

miesto / location

Nová Lesná

architekt / architect

Peter C. Abonyi

www.abonyi.sk

Obytná stavba Vily na plese náleží k zriedkavému svojbytnému žánru „veľkovýpravnej" architektonickej tvorby zhmotnenej v komornom formáte. Vcelku aj v najmenších detailoch ponúka dôsledne premyslenú koncepciu bývania, ktorá sa premieta do sofistikovaných riešení dispozičnej dramaturgie, stavebno-technického kumštu odvážnych konštrukcií, zvodných materiálových akordov aj zvnútornenej sebaistej autorskej filozofie.

Objekt je zamýšľaný ako jednopodlažný, zaskleným perimetrom obkolesený kváder, konštrukčne zachytený v sekvencii štyroch železobetónových doskových medzipriestoroch — portáloch s poeticky prisúdenými interiérovými kódmi „ohňa", „času", „vody" a „priestoru". Štvorica vnútorných portálov obsluhuje tri základné obytné priestory a súčasne do seba integruje podporné systémy a prevádzky. Extrovertné riešenie otvoreného obytného podlažia (usadeného na podnoži technickej časti stavby) bolo motivované malebnými výhľadmi do záhrady alebo na štíty Tatier — samotný interiér vychádza z kompozičnej synergie s okolitou prírodou; v palete ušľachtilých materiálov umocňuje jej sugestívny pôvab.

The Mountain Lake Villa residential building belongs amongst the rare genre of a grand-scale architecture transformed into a compact form. All the way to its smallest details, it generally offers a well thought out concept of living, transformed into sophisticated layout arrangements, daring and skillful structure, captivating play of materials, embodied in a confident sweep of architect's philosophy.

Surrounded by glazing around its perimeter, the block shape structure was designed one-storey high, structurally supported by an inner sequence of four reinforced concrete portals dividing the space into rooms poetically code-named "the fire", "the time","the water" and "the space". Four internal portals define the three main living quarters and at the same time it integrates within all the necessary auxiliary functions. Sitting on a podium of the technical floor, the extrovert ambience of the residential level was motivated by picturesque views of the garden and the peaks of Tatra mountains. The interior itself is composed around a synergy with the surrounding nature while it amplifies its suggestive appeal in a variety of high-grade materials.

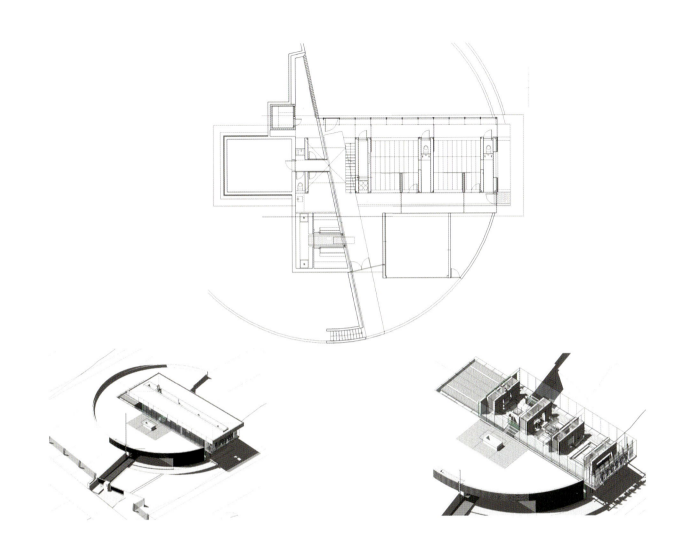

Vila na plese
Mountain Lake Villa

Vila na plese / mountain Lake Villa

GasOil

2011

miesto / location

Tatranská 742
Spišská Teplica

architekt / architect

Peter C. Abonyi

www.abonyi.sk

ceny a nominácie / awards and nominations

CE.ZA.AR 2012 – víťaz / winner
Stavba roka 2012 — hlavná cena / Main Prize
Stavba roka 2012 — Cena Slovenskej komory
stavebných inžinierov / Slovak Chamber of
Civil Engineers Award

V kontexte podmanivej bukolickej scenérie periférie Spišskej Teplice s dramatickým panoramatickým pozadím horského pásma Vysokých Tatier pôsobí centrála spoločnosti GasOil ako stavba „z iného sveta". Je to svet architektonickej veľkorysosti, presvedčivého stavebného technooptimizmu či high-tech avantgardy. Hoci ide o formálne riešenie, ktoré je na opačnom konci spektra než očakávaná vernakulárna odpoveď zadania, je fascinujúce, s akou autentickou harmóniou stavba splýva s danou lokalitou; ako nenútene nadväzuje pútavý dialóg s obrazom „prírody vidieka".

Administratívna budova je komponovaná ako mohutný kompaktný kváder, vyzdvihnutý vo svojej oceľovej kostre nad úroveň (čiastočne zapusteného) parkovacieho podlažia. V pútavej priestorovej štruktúre je vyplnený otvorenými aj uzavretými pracoviskami (projekčnej spoločnosti), zasadacími miestnosťami či sekundárnymi prevádzkami a v tvarovom aj funkčnom kontrapunkte ho dopĺňa vedľajšia valcová budova slúžiaca ako reštaurácia pre zamestnancov. Stanovené architektonicko-interiérové riešenie je dôsledkom zaujatia extrémne vyspelým firemným étosom spoločnosti GasOil.

In the context of the captivating idyllic scenery at the periphery of Spišská Teplica village and with High Tatras in the background, the headquarters of the GasOil company looks quite otherworldly. It is the realm of architectural generosity, convincing structural techno-optimism and high-tech avant-garde. Although formally the design has turned upside down the expected vernacular approach assumed by the original assignment, it is fascinating to see how authentic its harmony with the surroundings is; how spontaneous is its dialogue with the countryside landscape.

The office building is composed as a huge compact block raised in its steel structure above the partially-sunk parking level. It comprises of both open and enclosed offices (of an engineer's office), meeting rooms and ancillary spaces in an interesting spatial arrangement. Its shape and function is in contrast with the adjacent cylindrical building of the employee restaurant. The final architectural and interior design is the result of an exceptionally high standard of the GasOil company philosophy.

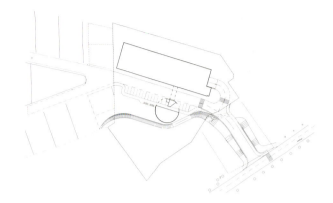
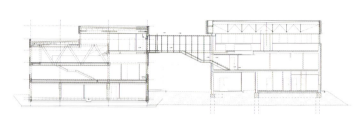

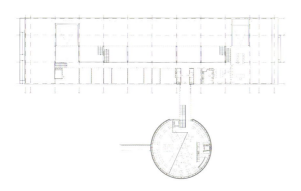

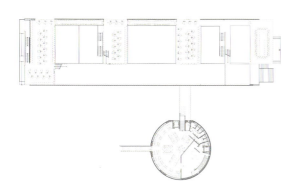

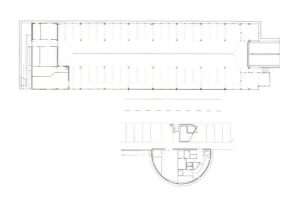

Cassouar Business Center I., II.

2007 — 2012

miesto / location	architekti / architects	ceny a nominácie / awards and nominations
Žriedlová 12 Košice	Ľubomír Závodný, Tomáš Auxt, Tomáš Bartko	CE.ZA.AR 2013 — nominácia / nomination Cena ARCH 2011 — nominácia / nomination CE.ZA.AR 2011 — nominácia / nomination Stavba roka 2010 — nominácia / nomination

spolupráca / in collaboration with

Peter Novotný, Miroslav Prokopič, Jana Švecková

www.zavodny.sk

Administratívno-obchodné centrum CBC je obsahovým aj formálnym vyvrcholením urbanistického fragmentu Cassovar, ktorý sa (ako kultivačný projekt na mieste bývalého pivovarského areálu) rozvíja v tesnom dotyku s topograficky atraktívnou danosťou terénneho zlomu Terasa. Samotná stavba CBC bola vyhotovená v dvoch etapách a svoju náplň rozvíja v jasne odlíšených svojbytných hmotách. Prevádzky obchodu a služieb sú umiestnené v dvojpodlažnej kompaktnej podstave (uloženej na ďalších dvoch podlažiach podzemných garáží). Priestory kancelárií obsadili dva doskové objekty, tektonicky odpútané od podstavy a tvarovo prelomené v pôsobivých diagonálne komponovaných gestách. Gesticky v úrovni partera pôsobia aj podporné piliere obidvoch administratívnych krídel, vytvarované do podoby mohutného štvorramenného okolíka. Spoločne s vertikálnou dominantou komína (úctivo zachovanou stopou industriálnej histórie miesta, odôvodnenej potrebou semiózy v identite nového centra) a s ušľachtilými materiálovými komponentmi definujú hravú výtvarnú štruktúru, rozvinutú vo vyspelom architektonickom jazyku.

An administration and business centre CBC is a climax of the Cassovar urbanistic fragment, as to the contents and form, growing up (as a revitalization project in the location of a former beer brewery) in immediate proximity of a topographically attractive Terasa terrain fault. The CBC was constructed in two phases and has two clearly distinctive and autonomous volumes. Retail and services operations are located in a two-storey compact base (placed on underground garages again consisting of two storeys). Two slab-shaped buildings, tectonically loose from the base and meeting each other in an intriguing diagonal, embrace office spaces. Supporting pillars of both administration wings, shaped to depict a monumental four-arm umbel appear at the ground floor frontage. Along with the chimney that is a dominant vertical feature (respectfully preserved to keep a trace of the place's industrial history, and required to achieve semiosis for the new centre's identity) and with noble material components they define a playful art structure, speaking superior architectural language.

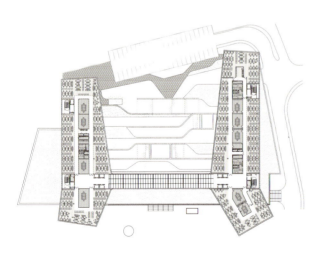
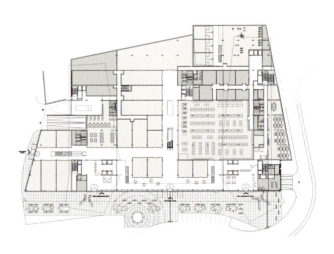

Súčasná architektúra na východe Slovenska
Contemporary architecture on East Side of Slovakia

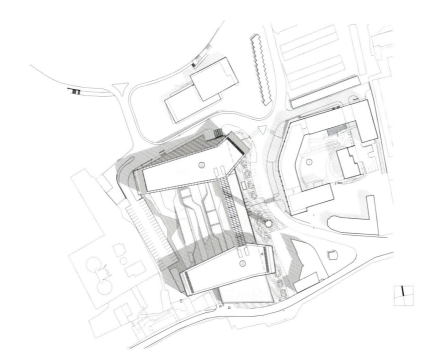

Phoenix Zeppelin

2007

miesto / location

Železiarenská 96
Košice–Šaca

architekti / architects

Paulíny Hovorka architekti
Branislav Hovorka, Martin Paulíny,
Štefan Moravčík

www.pha.sk
www.stefanmoravcik.sk

Viacúčelová budova spoločnosti Phoenix Zeppelin je príkladom pozitívneho trendu, pri ktorom si mnohé podniky či podnikateľské prevádzky uvedomujú dôležitosť firemnej kultúry reprezentovanej aj pomocou komunikatívneho jazyka architektúry. V prípade košickej pobočky Phoenix Zeppelin ide o mimoriadne vydarené naplnenie stanovenej „nadstavby" architektonického úsilia (ako aj o anticipáciu v našich pomeroch výnimočnej stavby centrály spoločnosti v Banskej Bystrici).

Budova, zamýšľaná ako prevádzka predaja, servisu a prenájmu stavebných strojov, sa nachádza v logickej lokalite industriálneho predmestia Košíc a svoju industriálnu podstatu vyjavuje použitou formou, ktorá aj napriek tomu, že patrí „ťažšiemu" priemyslu, vyniká efektnou ľahkosťou a eleganciou. Stavba je členená jednotlivými prevádzkami (usporiadanými v logistickej hladkosti); definuje ju rytmus primárnych plôch vo vyvážených proporciách aj v skĺbenej materiálovej palete. Fascinujúcu harmóniu exteriéru (takú neočakávanú v danom kontexte) rozvíja jednoduchý, efektívne rozvrhnutý interiér.

Phoenix Zeppelin multi-purpose company building is an example of a positive trend in increasing awareness of many companies and their branches about the importance of their company culture, represented among other things in the language of architecture. Phoenix Zeppelin branch in Košice represents an extraordinarily successful fulfillment of this architectural "supplement" effort (as well as anticipation of the company headquarters in Banská Bystrica, which is unusual in our circumstances).

Intended as a branch focused on sales, service an leasing of heavy construction equipment, the building is understandably located in the industrial zone on the periphery of Kosice and it acknowledges its industrial function in its form which, however, stands out in its compelling lightness and elegance in spite of its association with the "heavier" industry. The building is structured in a logical sequence of its respective business operations. It is defined by the rhythm of primary surfaces in balanced proportions as well as in the range of applied materials. Unexpected in the given context, the fascinating harmony of the exterior is developed further by its simple yet efficient interior arrangement.

Phoenix Zeppelin

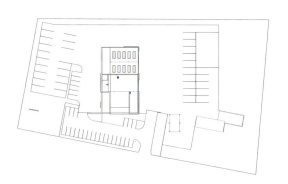

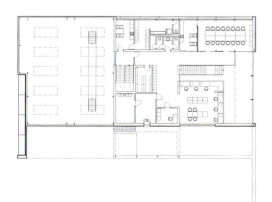

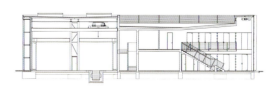

Phoenix Zeppelin

95

Parkovací dom Steel Arena
Parking House of the Steel Arena

2011

miesto / location	architekti / architects
Nerudova Košice	Juraj Koban, Štefan Pacák www.kopa.sk

Parkovací dom náleží k veľkorysej stavbe košického zimného štadióna US Steel Arena a dopĺňa ho nevyhnutnou podpornou náplňou statickej dopravy ako autonómna „prístavba" z neskoršej etapy. Z hľadiska svojej architektonickej povahy je dielom rýdzo utilitárnym, zosnovaným v jednoznačne artikulovanej priamočiarosti.

Trojpodlažná stavba hromadných garáží s kapacitou 500 vozidiel sa primkýna k materskej budove (presnejšie k časti tréningových hál arény) v pomerne priaznivej terénnej situácii — využíva prudko svahovitý pozemok a prepája jeho odvrátené úrovne v kompaktnom betónovom telese. Toto riešenie umožnilo umiestniť hlavný príjazd z prístupovej komunikácie na najvyššie podlažie a strechu (rovnako využitú ako plocha parkovania).

Štandardnú urbánnu situáciu zahusteného parasídliskového fragmentu (v dotyku s doskovými panelovými bytovými domami) objekt estetizuje svojou skromnou betónovou fasádou, prelamovanou pravidelným rytmom okrúhlych (vetracích) otvorov.

The park house belongs to a generous complex of the Košice Steel Arena, adding the necessary parking component, built as an autonomous addition at a later stage. From an architectural standpoint it is an entirely utilitarian structure, composed in a plain and straightforward manner. The three storey building of the 500-car public garage is attached to the parent building (specifically to the training section of the arena) taking advantage of the steeply sloped terrain and connecting its diverse elevations into a compact concrete body. This arrangement allowed to locate the main car entrance off the access road at the top level and at the roof of the building (roof being also utilized for parking). With its unassuming concrete facade broken by a regular cadence of round openings (for ventilation), the structure is bringing a new aesthetic quality to a fragment of otherwise standard dense urban setting in the neighbourhood of linear prefab apartment buildings.

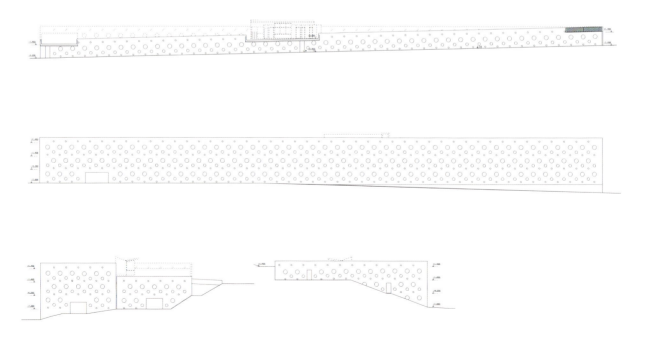

Súčasná architektúra na východe Slovenska
Contemporary architecture on East Side of Slovakia

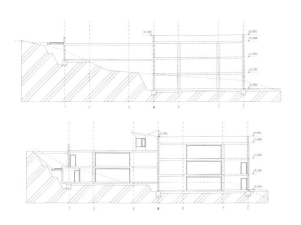
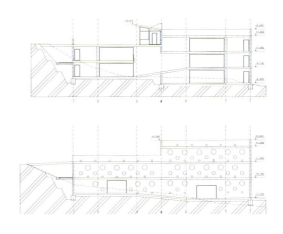
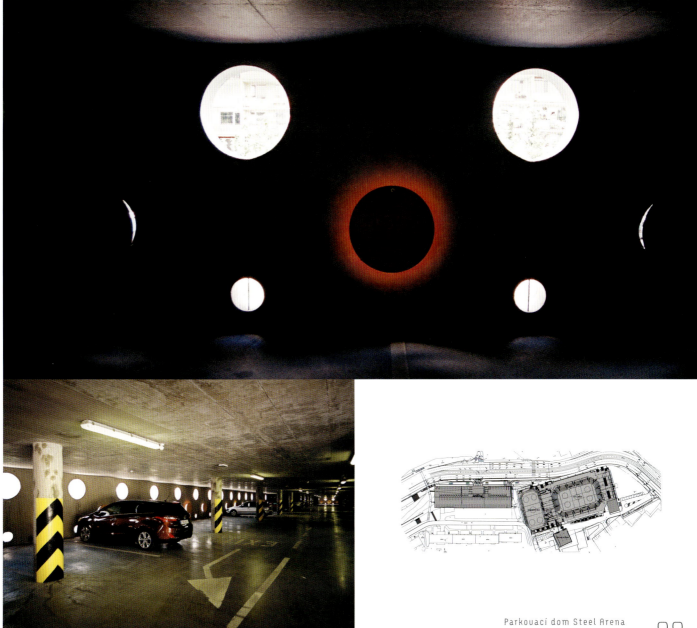

Parkovací dom Steel Arena
Parking House of the Steel Arena

Parkovací dom Steel Arena
Parking House of the Steel Arena

Centrum knižničných služieb a vedecko-technických informácií, Technická univerzita v Košiciach
Centre of Library Services and Scientific and Technical Information, Technical University in Košice

2008

miesto / location	architekti / architects	ceny a nominácie / awards and nominations
Boženy Němcovej 7 Košice	Juraj Koban, Karol Gregor, Štefan Pacák	Mies Van der Rohe Award 2011 nominácia / nomination
	www.kopa.sk	

Architekti sa v prípade knižnice Technickej univerzity v Košiciach rozhodli pre dekonštrukciu vžitých knižničných schém a svoj projekt rozvinuli ako otvorené pole interakcií (medziľudských, informatických aj priestorových). Zvolená koncepcia živo pulzujúceho informatického centra sa premieta do expresívne, a predsa inžiniersky triezvo zostavenej prevádzkovej štruktúry: prebieha v prostredí voľného priestoru (len nevyhnutne členeného transparentnými priečkami) dvoch v exteriéri rozdielne stvárnených traktov, spojených do jedného celku ústredným lineárnym átriom s rozsiahlym svetlíkom. Dané riešenie, ktoré odzrkadľuje zvolený nekonvenčný spôsob knižnej organizácie, generuje pomerne komplexný (takmer zážitkový) priestorový rytmus plynúci v sekvenciách galérií, schodísk, podest a koridorov. Priestorovú štruktúru podčiarkuje interiérové riešenie, založené na priemyselných motívoch s priznanými betónovými plochami či rozvodmi infraštruktúry. Nápadité je riešenie stupňovitého auditória, konzolovo vypusteného „za" úroveň budovy, ktoré tak získava formotvorný účinok a definuje celkový charakteristický zovňajšok knižnice.

In the case of the library at the Technical University in Košice, the architects opted for a deconstruction of traditional library schemes and they developed their project as an open field of interactions (in terms of sociology, informatics and space). The selected concept of an information centre pulsating with life has been projected into an expressive, yet technically sober service setup: it takes place in an open space (divided only by necessary glass partitions) of two wings with different exterior appearance, connected into one building through a central atrium with an extensive skylight. Reflecting an unorthodox arrangement of the library, this setup generates a relatively complex (almost experiential) rhythm of the space defined by the sequence of its galleries, staircases, landings and hallways. The space configuration has been underlined by the interior design based on industrial motifs with bare concrete surfaces and uncovered service lines. Unusual stepped auditorium with a cantilevered protrusion beyond the face of the building has resulted in a character-generating effect at the exterior of the library.

103

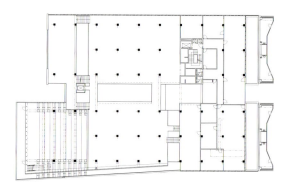

Súčasná architektúra na východe Slovenska
Contemporary architecture on East Side of Slovakia

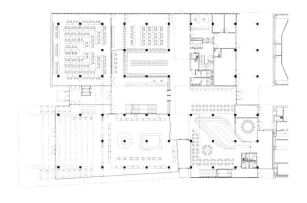
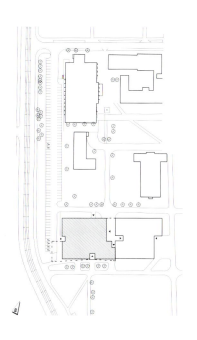
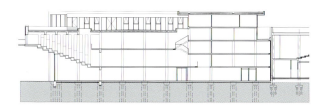

Centrum knižničných služieb a vedecko-technických informácií, Technická univerzita v Košiciach
Centre of Library Services and Scientific and Technical Information, Technical University in Košice

Centrum knižničných služieb a vedecko-technických informácií, Technická univerzita v Košiciach
Centre of Library Services and Scientific and Technical Information, Technical University in Košice

Umelecká škola Smižany
Art School Smižany

2004

miesto / location	architekti / architects	ceny a nominácie / awards and nominations
Námestie M. Pajdušáka Smižany	**ATRIUM ARCHITEKTI** Dušan Burák, Michal Burák	Cena Dušana Jurkoviča 2004 — víťaz / winner Mies Van der Rohe Award 2004 — nominácia / nomination Brick Award 2004 — nominácia / nomination
	spolupráca / in collaboration with	
	Ctibor Reiskup	
	www.atriumstudio.sk	

Základná umelecká škola Dezidera Štraucha v spišskej obci Smižany patrí k nepočetným novostavbám, ktoré v poslednom období obohatili regionálny fond výchovno-vzdelávacích inštitúcií. Jej založenie vychádza z filantropickej iniciatívy amerického investora slovenského pôvodu a — paradoxne — napriek neutešenej situácii školskej architektúry na Slovensku predstavuje optimistický príspevok k danej téme.

Desider Štrauch Elementary Arts School in the Spiš town of Smižany is one of many new buildings that expanded the roster of the regional educational institutions in recent years. Its creation was possible thanks to a philanthropic initiative of an American investor of Slovak origin — and despite the unfavourable situation in Slovak educational architecture it has become an optimistic contribution to the theme.

The building is situated in a central location of the town, right next to a small early gothic church and within a rather restraining vernacular architectural and urban structure. That is why the architectural concept of the art school had to be based on a very sensitive approach: the 3D composition, exterior materials as well as overall scale respect the local criteria. At the same time however, it brings a fresh interpretation which (with an amiable innocence) it offers an architectural concept of a "children's kit of building blocks". Thereby the structure of the building is broken down in the sequence of colour-coded blocks a.k.a. the classrooms which are being held together by the long hallway flowing into a multi-purpose hall with a large window to the main square. Even though the institutional function of this new educational facility remains at the forefront of its significance, it also brings along a balance of a cultivated structural element, architectural playfulness and a well-thought out decency.

Stavba je situovaná v ťažiskovej pozícii uprostred obce, v bezprostrednej blízkosti ranogotického kostolíka, v relatívne zväzujúcej vernakulárnej architektonicko-urbanistickej štruktúre. Samotná architektonická koncepcia umeleckej školy je preto založená na zvlášť citlivom prístupe — hmotové rozvrhnutie, materiálové stvárnenie aj celková mierka stavby rešpektuje regionálne danosti; súčasne ich však interpretuje vo sviežom výraze, ktorý (so sympatickou naivitou) preberá autorský motív „detskej stavebnice". Tektonika domu sa teda trieští v rytme farebne kódovaných hmôt — učební, ktoré sú stmelené priebežnou chodbou a gradujú vo viacúčelovej sále s veľkým oknom orientovaným do námestia. Prínosom školskej novostavby tak nie je len samotná inštitucionálna náplň (tá však nepochybne ostáva tou najdôležitejšou), ale aj vyvážené spojenie kultivovaného stavebného prejavu, architektonickej hravosti a premyslenej striedmosti.

111

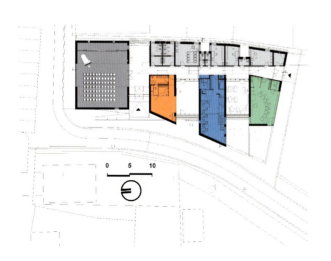
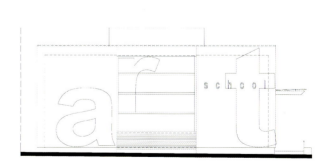

Umelecká škola Smižany
Art School Smižany

umelecká škola Smižany
Art School Smižany

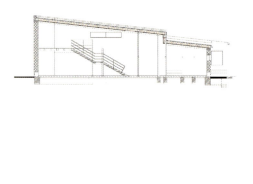
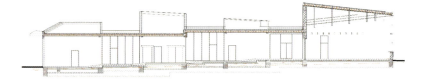
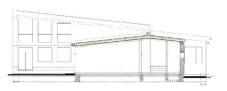

Súčasná architektúra na východe Slovenska
Contemporary architecture on East Side of Slovakia

Umelecká škola Smižany
Art School Smižany

Hospic suätej Alžbety
St Elizabeth Hospice

2005

miesto / location

Svätej Alžbety 1
Ľubica

architekti / architects

ARCH.EKO
Michal Gaj st., Martin Repický

www.archeko.sk

ceny a nominácie / awards and nominations

Cena Dušana Jurkoviča 2005 — víťaz / winner
Cena ARCH 2006 — nominácia / nomination

Zariadenie Spišskej katolíckej charity — Hospic svätej Alžbety v Ľubici neďaleko Kežmarku slúži prehĺbenej starostlivosti o klientov v terminálnej fáze života. Na pomerne komplikovanú tému, ovplyvnenú nielen náročnými dispozično-prevádzkovými parametrami, ale aj mimoriadne citlivými obsahovými implikáciami architekti zareagovali dôsledne premyslenou autorskou filozofiou. Vyhli sa zbytočným sentimentom a naplno rozvinuli možnosti vyspelého stavebno-technického riešenia, morfologicky podriadeného nevtieravej civilnej podobe.

Rôznorodé stavebné hmoty objektu sú konfigurované do skladby dvojkrídlovej budovy situovanej v upravenom záhradnom/sadovom prostredí. Z hľadiska architektonickej reči je téma hospica tlmočená sofistikovaným jazykom konštruktivistického rázu a opiera sa o ekologické princípy v zmysle „súvzťažností". Výsostne moderný formát budovy sa (paradoxne) vzoprel odmeranej odťažitosti — naopak, v prehĺbenej empatii klientom poskytuje cennú oporu.

The St Elizabeth Hospice in Ľubica close to Kežmarok, belonging to the Spišská katolícka charita (a catholic charity) provides intensive care to clients in terminal stages of a person's life. Architects responded to this rather complicated topic, which involves demanding parameters on the layout and operation and has extremely sensitive content implications, with a well thought out philosophy. They avoided unnecessary sentiments and fully worked on the possibilities of a modern construction and technical solution, morphologically subordinated to an unobtrusive civil form.

Varied building volumes are configured so to shape a two-wing building situated in a trimmed garden/orchard. In terms of architectural language, the hospice concept is interpreted in a sophisticated constructivist-like language and is based on ecological principles in terms of "mutuality". An utterly modern format of the building (as a paradox) revolted against a reserved distance: on the contrary, it offers valuable support to the clients, underlined by deepened empathy.

119

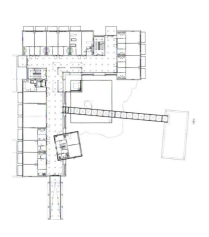

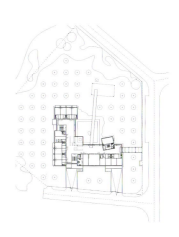

Hospic suätej Alžbety
St Elizabeth Hospice
121

City Park Club

2007

miesto / location	architekti / architects	ceny a nominácie / awards and nominations
Rumanova 1470/1 Košice	Juraj Koban, Štefan Pacák	CE.ZA.AR 2010 — víťaz / winner Baumit fasáda roka 2006 — víťaz / winner

spolupráca / in collaboration with

Jana Koreňová, Valentína Valentová, Miroslava Lešková

www.kopa.sk

Bytový dom City Park Club v Košiciach sa rozvíja smerom k rafinovanej kultivácii životných noriem obyvateľov. Deje sa tak niekoľkorakými spôsobmi. K nadštandardnosti obývania priestorov prispieva jednak pútavá poloha — objekt je umiestnený na okraji historického centra mesta, v tesnom susedstve udržiavaného mestského parku či letného kúpaliska. Život v dome navyše zošľachťuje konfúzna práca s vnútornou typologickou náplňou — projekt sa od začiatku rozvíja smerom k polyfunkčnej profilácii, keďže v sebe integruje športovo-relaxačné prevádzky. Ku kultivovanému obsahu domu napokon prispieva aj samotná jeho architektonická substancia. Veľkometrážne byty — apartmány sú rozvinuté v spletitom rytme, čím interiérom zaisťujú podnetnú, mierne hravú dramaturgiu. Distorzia ich usporiadania je dôsledkom vonkajšej podoby stavby: imploduje v hranolových formách okolo vzrastlej zelene, čím priznáva svoju genetickú spriaznenosť s parkom. Zeleň tiež vstrebáva do svojich formalisticky uhladených poprelamovaných zákutí, takže výsledná podoba City Park Club aj vďaka tomu pripomína elegantnú produkciu nemecko-švajčiarskeho okruhu zo sedemdesiatych rokov.

City Park Club apartment building has been developed towards refinement of life standards of its occupants. This is being done in several ways. The upscale character of living is supported on one hand by its attractive location at the edge of the historic city centre, in the close proximity of a well-maintained city park and an outdoor swimming pool. The life in the building is enhanced by the development of an intricate functional program — from the get go the project was aiming to be multifaceted, integrating sports and wellness facilities. The architectural substance itself contributes to the refined scheme of the building. Layouts of these large apartments evolve in a sophisticated rhythm, bringing a stimulating and playful drama into the interiors. Distortion of their arrangement is due to the outer shape of the building: it implodes in rectangular forms around the grown greenery, acknowledging its family ties with the park. The greenery is at the same time absorbed to its formal graceful bent-in niches, so that the resulting impression of the City Park Club recalls the elegant projects from the German-Swiss provenance in the 1970s.

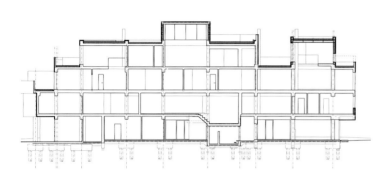

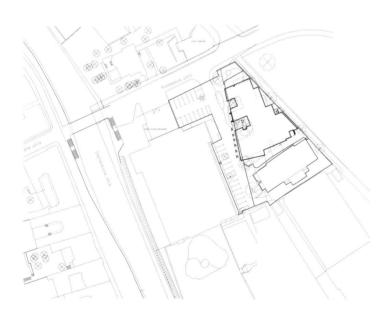

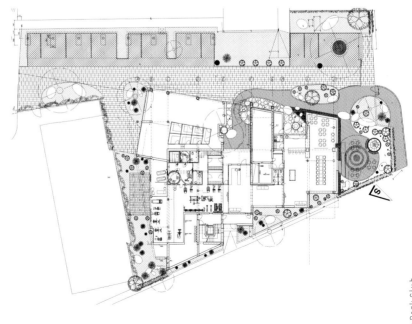

City Park Club

127

City Park Club

129

Bytové domy Nová Terasa
Nová Terasa Apartment Houses

2013

miesto / location	architekti / architects
Fatranská 1/A Košice	**VALLO SADOVSKY ARCHITECTS** Matúš Vallo, Oliver Sadovský
	spolupráca / in collaboration with
	Branislav Husárik, Peter Janeček, Dušan Chupáč, Mateja Vonkomerová
	www.vallosadovsky.sk

Bytové domy Nová Terasa sú vývinovým zásahom do rezidentnej štruktúry sídliska Západ (priamo naviazanej na mestské centrum Košíc); dopĺňajú a rozvíjajú zvyškový (nevyužitý) sektor v bezprostrednej blízkosti Univerzitnej nemocnice. Pomerne vyspelý, poučený architektonický názor autorov projektu vychádza z historickej skúsenosti s regionálnou sídliskovou výstavbou a vo svojej invenčnej polohe prináša súčasné stratégie, relevantné na kultiváciu života obyvateľov: identifikáciu, súnáležitosť, inklúziu a heterogénnu syntax.

Z toho dôvodu je rezidentný projekt stvárnený ako „kolekcia" rôznorodých bytových domov s pestrou paletou variet bytových jednotiek. Jednoznačne artikulované bloky domov sú komponované okolo uzavretých poloprivátnych dvorov vycibreného urbanistického interiéru; použitá architektonická skladba by tak mala generovať komunitnú ukotvenosť a prispievať k osvojeniu svojho životného priestoru.

Apartment houses Nová Terasa break into the residential structure of the Západ housing estate (directly continuing from the downtown of Košice) to push its development further; the houses complement and elaborate on a residual (unused) sector in near vicinity of the University Hospital. A rather high developed — knowledgeable architectural opinion of the authors is based on historical experience with the construction of housing estates in the region and, in its inventive aspect, it brings current strategies, relevant for refining the life of citizens: identification, togetherness, inclusion and heterogeneous syntax.

Therefore the residential project stands for a "collection" of miscellaneous apartment houses with a full array of dwelling units varieties. Clear-cut articulated blocks of houses are arranged around closed semi-private yards of a refined urban interior; the applied architectural composition should thus lead to one's anchoring in the community and add to embracing one's living space.

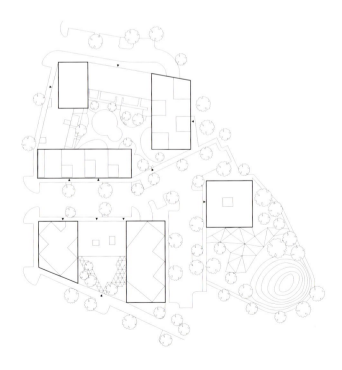

Súčasná architektúra na východe Slovenska
Contemporary architecture on East Side of Slovakia

Bytové domy Nová Terasa
Nová Terasa Apartment Houses

Súčasná architektúra na východe Slovenska
Contemporary architecture on East Side of Slovakia

Bytové domy Nová Terasa / Nová Terasa Apartment Houses

Nájomné bytové domy
Rental Apartment Buildings
CMYK

2005, 2007

miesto / location	architekti / architects	ceny a nominácie / awards and nominations
Majakovského, Sabinovská Prešov	Irakli Eristavi	Cena Arch 2005 — víťaz / winner Mies Van der Rohe Award 2007 — nominácia / nomination
	spolupráca / in collaboration with	
	Martin Jančok	
	www.zerozero.sk	

Prešovský CMYK sa stal etalónom! Nielen konečný produkt — architektúra, ale celý proces jej vzniku a užívania sa stali prototypom sociálne, ekonomicky a kultúrne udržateľného spôsobu revitalizácie existujúceho bytového fondu.

Prestavbu zdevastovaného sídliska z päťdesiatych rokov 20. storočia v širšom centre iniciovalo mesto Prešov. Verejnú súťaž vyhral mladý architekt, ktorý vzápätí založil ateliér a projekt dotiahol do realizácie. Pôvodné šikmé strechy domov nahradila kompozícia pravouhlých objemov. Práve charakteristická silueta nadstavby spolu s farebnou mozaikou na jej vyložených častiach vtisli tomuto mestskému priestoru novú identitu.

Bývanie pre sociálne slabších je veľká téma, paradoxne schopná provokovať aj architektonickú elitu. Dôkazom sú špičkové diela našej architektonickej moderny. CMYK svojím charakterom nadväzuje na najlepšie hodnoty týchto stavieb: racionalita, kultivovanosť a striedmosť. Najdôležitejšie je, že tá koncepcia funguje! Táto mestská štvrť je v súčasnosti sociálne stabilným priestorom a zelené dvory medzi domami sú stále plné života.

Prešov`s CMYK has become the benchmark! Not only the final product — the architecture, but the whole process of its creation and use have become a prototype for socially, economically and culturally sustainable revitalisation of the existing housing stock.

Rebuilding of the dilapidated 1950s housing estate on the outskirts of the city centre was initiated by the city of Prešov. The young architect who won the open design competition subsequently founded a studio and led the project up to completion. The original pitched roofs were replaced by a rectangular massing composition. This new roof profile in combination with colourful mosaic application on the elevations created a distinct character and a new identity for the area.

Our unique heritage of modernist architecture is the proof that social housing is a significant topic that can stimulate even the architectural elite. CMYK follows the best principles of these modernist buildings: rationality, refinement and moderation. The most important is that this concept works! The area has turned into a socially balanced place with green courtyards between the buildings constantly full of life.

139

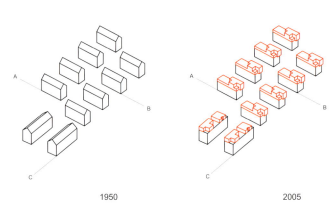

1950   2005

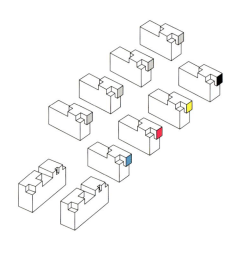

Súčasná architektúra na východe Slovenska
Contemporary architecture on East Side of Slovakia

140

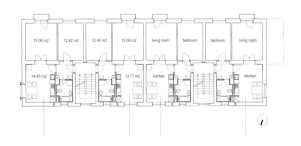

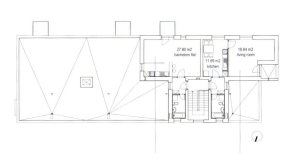

Nájomné bytové domy CMYK
Rental Apartment Buildings CMYK

141

Energo Control

2009

miesto / location	architekti / architects
Pri plynárni 2 Košice	**ATRIUM ARCHITEKTI** Dušan Burák, Michal Burák, Marek Bakalár www.atriumstudio.sk

Východisková situácia projektu administratívneho sídla komerčnej spoločnosti — priestorovo pomerne neefektívna historická (nie však pamiatkovo chránená) plynárenská budova umožnila autorom rozvinúť pútavý dialóg medzi súčasnými architektonickými stratégiami (s jej materiálovým, konštrukčným, technologickým, ale aj obsahovým repertoárom) na jednej strane a tradičnými (nezamýšľanými) hodnotami stavebného dedičstva na strane druhej.

V prípade budovy Energo Control sa historická substancia stáva petrifikovaným „tieňom minulosti"; funguje ako komunikatívny obal, ktorý je naskrz prerastený korpusom modernej architektúry. Sebavedomá, v definovanom rešpekte konfrontačná forma novotvaru presahuje o dve nové podlažia nad úroveň pôvodnej tehlovej stavby v podobe industriálneho „plechového" kontajnera; vylieva sa aj do exteriéru pred vstupom ako apendix zádveria. Jednoznačne definovaná hranica medzi minulosťou a súčasnosťou ovplyvnila aj interiérové stvárnenie, rozvinuté v palete aktuálnych výrazových prostriedkov — v oceli, skle či obnažených betónových plochách.

The initial conditions at this project of an administrative headquarters of a commercial company — quite inadequate space in an ex gas house historical building (with no monument protection though) — enabled its architects to create an engaging dialogue between contemporary architectural strategies on one hand (with its material, construction, technological repertoire as well as its content) and the traditional (unintended) values of the architectural heritage on the other.

In the case of the Energo Control building, the historical substance becomes a petrified "shadow of the past"; it works as communicative envelope that is overgrown throughout by a body of a modern architecture. Self-confident, confrontational yet respectful, the new addition in a form of industrial "sheet-metal" container protrudes two storey higher than the original brick building; it also spills out to the exterior as an appendix to the entrance.

The interior design has also defined a boundary between the past and the present by means of current expression techniques using steel, glass or exposed concrete surfaces.

146 Súčasná architektúra na východe Slovenska
Contemporary architecture on East Side of Slovakia

Bauerneblou dom
Bauernebl´s House

2013

miesto / location	architekti / architects
Žriedlová 30 Košice	Miroslav Marynčák, Michal Žoffčák

spolupráca / in collaboration with

Katarína Tkáčová, Ladislav Balla, Peter Murko, Marián Kuruc

Bauerneblov dom pôvodne plnil úlohy administratívneho a výskumného centra niekdajšieho košického pivovaru Cassovar, ktorého vznik sa datuje do roku 1857. Samotný dom je novší, pochádza z roku 1903. Pre havarijnú statiku bol objekt asanovaný a následne znova postavený na pôvodnom mieste. Novotvar centrálneho traktu bol v architektonickom výraze domu korektne priznaný.

Pozostatky niekdajšieho pivovaru sa v podobe osamotených fragmentov náhodne objavujú v novej štruktúre polyfunkčného centra Cassovar. Ich pôvodný účel a význam nová zástavba nedokáže rešpektovať. Napriek tomu zjemňujú masívnosť novej urbanistickej štruktúry a dodávajú jej drobný dekor. Prepožičiavajú jej falošný pocit nadväznosti na pôvodnú zástavbu.

Architektúra vypovedá o stave kultúry spoločnosti, snáď aj tá reinkarnovaná. Dokonca aj v prípade, že bola čiastočne adaptovaná súčasnými materiálmi, konštrukciami a formami. Jej existencia je azda dôležitejšia ako miera jej autentickosti. Niekde v tejto rovine by mohla prebiehať argumentácia v prospech zachovania Bauerneblovho domu.

Bauernebl´s house originally served as an administrative and research centre of the former Košice brewery Cassovar, the origin of which dates back to 1857. The house itself dates from 1903. Because of its emergency structural condition, the building was demolished and consequently rebuilt in its original location. The new form of the central tract of the house was architecturally expressed, distinguishing it from the original parts.

The remains of the former brewery in form of lone fragments appear randomly in the new structure of multifunctional centre Cassovar. The new building plan is not able to respect their original purpose and meaning. Nevertheless, they soften the robustness of the new urban structure and add to it small-scale decor. They lend it a false feeling of continuation of the original building plan.

Architecture, maybe even reincarnated, is a testament to the state of culture in society. Even when it was partially adapted through contemporary materials, construction and forms. Its existence is perhaps even more important than the level of its authenticity. In this kind of discourse we could argue in favour of preserving Bauernebl´s house.

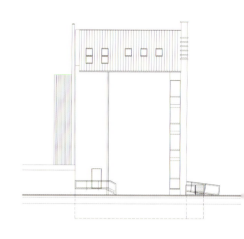

152 Súčasná architektúra na východe Slovenska
Contemporary architecture on East Side of Slovakia

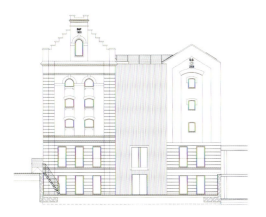

Bauerneblou dom
Bauernebl´s House

Štátna vedecká knižnica
The State Scientific Library

2008

miesto / location	architekti / architects	ceny a nominácie / awards and nominations
Pribinova 1 Košice	**ATRIUM ARCHITEKTI** Dušan Burák, Michal Burák, Marek Bakalár, Ladislav Baran www.atriumstudio.sk	CE.ZA.AR 2010 — nominácia / nomination

Stredisko VTI sídli v budove bývalej väznice, ktorá prešla postupnou rekonštrukciou. Jej dávnu funkciu stále pripomínajú okenné mreže na dvorovej fasáde. Absenciu centrálneho reprezentatívneho priestoru rieši novostavba multifunkčnej sály — elementárneho kubusu vloženého do priestoru nádvoria. Jeho mierne pôdorysné natočenie voči historickému objektu dodáva perspektíve vnímania dvorového priestoru jemnú dynamiku. Interiér ponúka otvorený priestor galerijného typu. Rez sklenených stupňov exponovaný na monolitnom drevenom zábradlí schodiska pridáva jednoduchému priestoru pekný detail.

Priestor nádvoria už neexistuje vo svojej pôvodnej podobe, veľkosti a proporcii. V súčasnosti ho vnímame prostredníctvom novej architektonickej substancie, ktorá nahradila jeho pôvodnú prázdnotu. Tak vznikli nové, typovo odlišné priestory s inou atmosférou.

Na jednej strane projekt reflektuje a chráni architektonické hodnoty pôvodnej budovy väznice, na strane druhej dokonale završuje jej premenu z „inštitúcie trestu" na životom pulzujúce centrum vzdelania, ktoré človeku, naopak, dáva slobodu.

VTI Centre resides in a former prison, which has undergone a gradual reconstruction. The window bars on the courtyard façade are still a reminder of its former function. The absence of a representative central space is resolved through a new addition in form of a multi-functional hall — a cube volume inserted into the courtyard. The slight asymmetrical rotation of its plan against that of the historic building adds subtle dynamics to the perception of the courtyard space. Its interior offers an open gallery space. A cut of the glass steps expressed through the monolithic wooden railing of the staircase adds an appealing detail to the simple space.

The courtyard no longer exists in its original form, size and proportion. Today we perceive the space through a new architectural substance, which replaced its original emptiness, creating new spaces with different atmosphere.

On one hand the cube reflects on and preserves the architectural attributes of the original prison building, yet on the other hand it perfectly completes its transformation from "the institution of punishment" into a vibrant centre for education, which in contrast to its original function cultivates a sense of freedom.

155

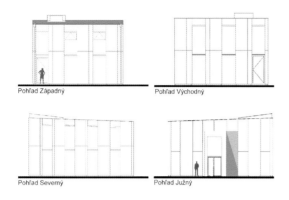
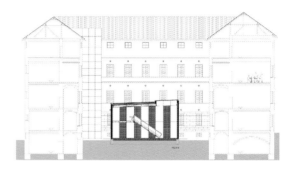

Súčasná architektúra na východe Slovenska
Contemporary architecture on East Side of Slovakia

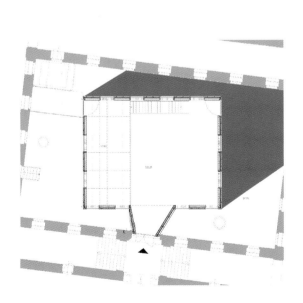
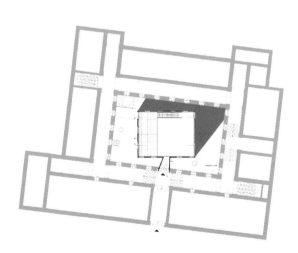

Štátna vedecká knižnica
The State Scientific Library

Štátna vedecká knižnica
The State Scientific Library

Kunsthalle 2013

miesto / location	architekti / architects
Rumanova 1 Košice	Ivor Mečiar, Juraj Furdík, Peter Lovich, Kristína Šťastná

spolupráca / in collaboration with

Juraj Koban, Štefan Pacák, Robert Kolla

Košická krytá plaváreň bola postavená v rokoch 1957 — 1961 podľa návrhu architekta Ladislava Greču. Po odklonení koryta rieky Hornád v osemdesiatych rokoch 20. storočia došlo k narušeniu statiky stavby. Adaptáciu chátrajúceho objektu plavárne na Halu umenia naštartoval až projekt Košice — EHMK 2013 cez investičné stimuly do kultúrnej sféry.

Skutočná voda z interiéru zmizla spolu s odrazom konštrukcie kupoly na jej hladine. Voda ako fenomén by mala v priestore Kunsthalle naďalej pretrvávať vo forme umeleckého sprítomnenia tohto živlu. Prezentované inštalácie by k nej mali mať alebo si hľadať akýsi vzťah. Schopnosť umenia integrovať sa v ľubovoľnom prostredí má svoje limity.

Symetrické široké priečelie budovy, ukončené elegantnou siluetou hlavnej bazénovej haly, pôsobí reprezentatívne a dôstojne. Adaptácia plavárne na Halu umenia zostáva napriek tomu kontroverzným počinom. Estetická hodnota tejto architektúry sa stala nositeľom jej udržateľnosti. Človek a priori chráni krásne stavby napriek ich nízkej ekonomickej rentabilite. Snáď zasiahla aj istá dávka nostalgie.

The Košice Indoor Swimming Pool was built between 1957 — 1961 based on design proposals of architect Ladislav Greča. The structural stability of the building was disrupted after River Hornád was diverted in the 1980s. The transformation of the deteriorating swimming pool building into a Kunsthalle was initiated only in 2013 through the project Košice — European Capital of Culture 2013 thanks to new investment into culture.

The real water from the interior vanished along with the reflection of construction of the dome on its surface. Water as a phenomenon should persist in the space of Kunsthalle in form of artistic impersonation of this natural element. Installations being presented here ought to have, or ought to look for a kind of relationship with water. But the ability of the arts to integrate in any environment has its limits.

The wide symmetrical frontage of the building, completed through an elegant silhouette of the main pool hall acts noble and representative. Yet the transformation of the swimming pool hall into Kunsthalle remains a controversial act. The aesthetic value of this architecture has become the bearer of its sustainability. We try to protect beautiful buildings in spite of their low economic profitability. Perhaps a certain amount of nostalgia intervened as well.

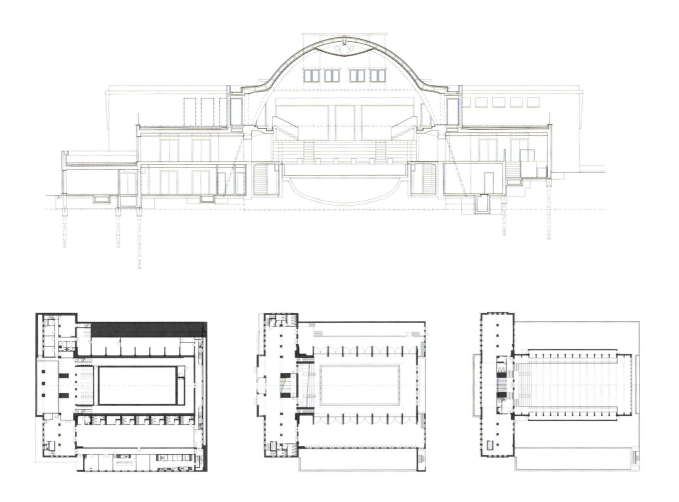

Kunsthalle

Uýchodoslovenské múzeum
Eastern Slovak Museum

2012

miesto / location

Hviezdoslavova 3
Košice

architekti / architects

Radoslav Jankovič, Bystrík Jacko

www.4archstudio.sk

Tomuto výstavnému priestoru vtisli ráz drevené konštrukcie krovu, ktoré ho napĺňajú. Interiér je vnímateľný pozitívne aj bez exponátov. Náladu mu dáva svetlo, ktoré prichádza cez strešné svetlíky a preniká do hĺbky objektu cez sklenené podlahy. Materiály použité v interiéri — číre sklo, subtílne oceľové konštrukcie, reflexná dlažba a biela omietka — nechávajú vyniknúť krásu tektonickej geometrie drevených trámov. Lávka návštevníkovi ponúkne nové zážitky. Umožní detailný optický kontakt s veľkorozmernými exponátmi a tiež širší vizuálny kontakt s architektonickým priestorom.

Manzardová strecha prešla zásadnou obnovou, avšak geometria strešnej roviny a výber krytiny rešpektujú jej pôvodný charakter. V zalomeniach strešných rovín „manzardky" vzniká výrazná rímsa, ktorá formuje silnú siluetu budovy a rámcuje obraz jej formy z uličnej perspektívy. Architektonické dielo je vďaka týmto prvkom stavebno-kultúrne fixované k svojmu pendantu a miestu. Výsledkom je expozičný priestor, ktorý je sám osebe exponátom ako protiklad minimalisticky plochých, prázdnych výstavných hál.

The prominent timber structure of the attic creates a distinct character of the exhibition space. The interior is pleasant even without any exhibits — the atmosphere is created through light coming in from the roof lights and penetrating deep into the building through its glass floors. The materials used in the interior — clear glass, subtle steel structure, reflective floor surfaces and white render — accentuate the tectonic beauty of the geometry of wooden beams. The footbridge offers new experience to the visitors. It allows an intimate visual relationship with the large scale exhibits as well as a unique perception of the exhibition space.

While the attic underwent a major reconstruction, the geometry of the roof section was retained and the selection of roof coverings respects its original character. An expressive ridge originates where the roof planes intersect, forming a strong silhouette of the building framing its appearance from the street perspective. The architectural concept is thus fixed both structurally and culturally to its counterparts and to the place. The result is an exhibition space, which in itself is an exhibit, contrasting the typical flat and minimalist empty halls.

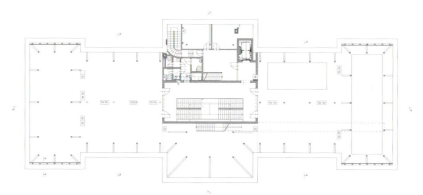

Súčasná architektúra na východe Slovenska
Contemporary architecture on East Side of Slovakia

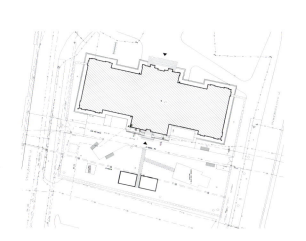
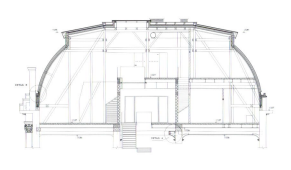

Východoslovenské múzeum
Eastern Slovak Museum

169

Svet
východu

„Najťažšie je jednoducho definovať rozdiel v architektúre medzi východom, stredom a západom Slovenska. Nemali by sme sa radšej opýtať, v čom by mal byť rozdiel?"

Pavol Mészáros

Súčasná architektúra na východe Slovenska
Contemporary architecture on East Side of Slovakia

The World of the East

"The trickiest part to start with is to define the difference between the architecture of the eastern, central and western Slovakia. How about starting with the question where to look for the differences?"

Pavol Mészáros

Východné Slovensko? Najťažšie je jednoducho definovať rozdiel v architektúre medzi východom, stredom a západom Slovenska. Nemali by sme sa radšej opýtať, v čom by mal byť rozdiel?

Medzi západným a východným Slovenskom je najmarkantnejší rozdiel v objemoch financií, ktoré sa v lokálnom trhu otáčajú. Väčšie množstvo ľudí a prostriedkov dáva jednoducho viac príležitostí. Všeobecne preto vzniká subjektívny dešpekt a na druhej strane nadnesená hrdosť a ignorancia nad tými, ktorí tieto možnosti nemajú.

Občas sa stretávame s vnímaním, že východ je po Košice a ďaleký východ od Košíc až po ukrajinskú hranicu. Východné Slovensko je kultúrne oveľa členitejšie. Ak sa pozriete do histórie, zistíte, že geologické podmienky vytvorili logické kultúrno-obchodné oblasti, ktoré sú dnes zlučované a rozdeľované medzi politické kraje popierajúc pôvodnú logiku regiónov. Ich vedenie navyše presadzuje individuálne záujmy. Na východe identifikujeme oficiálne desať nárečových jazykových skupín, historicky bolo rozdelené na šesť žúp (hranice zasahujú až do ôsmich). Kým teda sme? Sme len východniari?

Mnoho ľudí si myslí, že východ je zaostalý a stále na druhej koľaji. Myslím, že by to tak nebolo, keby sme si uvedomili, že len my sami si za to môžeme, keď sa s takýmito názormi ľahko zmierime. Skepticizmus a dlhodobá ospalosť obyvateľstva, depresívna sebakritika a strach spôsobili v spoločnosti rozpačitú situáciu bez pozitívnych vízií a upadajúcu kultúru. Ako hovorí Sandy Fitzgerald: „Mať

Svet východu
The World of the East
Pavol Mészáros

Eastern Slovakia? The trickiest part to start with is to define the difference between the architecture of the eastern, central and western Slovakia. How about starting with the question where to look for the differences?

When comparing west to the east, the biggest difference is in the scope of investments circulating in the local markets. The larger the volume of people and funds, the bigger the opportunities for development. This generally leads to a subjective underrating on one hand and arrogance and ignorance towards those with lesser means on the other.

Sometimes we encounter a position believing the east ends around Košice and whatever lies beyond towards the Ukrainian border is "the far east". Eastern Slovakia however is culturally much more diverse. If we look back in the history, we find that the logic of cultural and trade regions was defined by the given geological conditions, whereas today these logical properties are being defied by new regional mergers and divisions on a political basis. Moreover, regional governments push forward their individual agendas only. Officially, ten regional language dialects had been identified in the east and the area was historically divided into six counties (their borders stretching across eight today). What then is our identity? Easterners, is it all we are?

Many people believe the east is backward and constantly in the margins. I believe it would not be so if we realized we are to blame ourselves for this as we accept such beliefs with few objections. Skepticism, long-term drowsiness of the population, depressive self-criticism and fear all subscribed to a sheepish mood in the society devoid of any positive vision and to a stagnating culture. Quoting Sandy

kultúru znamená mať budúcnosť." Šľachetná skromnosť osobnosti východniarov sa stáva v kapitalistickom súťaživom svete nevýhodou, no zachovať si materialistickú nenáročnosť môže byť veľkým plus. Paradoxná uzavretosť obyvateľstva nie je pre silu komunity, ale spôsobuje ju strach z neznámeho. Je potrebné vybudovať identitu, správny názor na seba ako súčasť spoločnosti a potom bude úplne jedno, čo si myslia ostatní.

Východ trpel z celého štátu najväčším vysťahovalectvom. Keďže tá masa ľudí a inteligencie tu chýba, celkový vývoj je zabrzdený. Tak ako celé Slovensko aj východ trpí silným klientelizmom, korupciou verejných zdrojov, vopred vyhratými „súťažami", neférovým prístupom silných spoločností. Len ojedinele sa nájdu priekopníci, ktorí nemyslia

na neúspech už pri prvom malom probléme. Prekonávajú ho, ale aj samých seba a ukazujú príklad okoliu. Prečo by sme nemohli začať stavať na odlišnosti práve v týchto bodoch a vytvoriť zdravé prostredie pre rozvoj, a tak sa zvýhodniť oproti iným častiam Slovenska?

Hospodárska kríza Európy uvoľnila množstvo ľudí a poslala ich späť, odkiaľ prišli. Tí však na svojej vandrovke získali skúsenosti, ktoré sa teraz pomaly dostávajú medzi miestne kolority a svojím pozmeneným správaním pomaly ovplyvňujú konzervatívne obyvateľstvo. Zarobené často investujú doma do bývania alebo podnikania.

Vzniká tu aj kvalitná architektúra a prichádzajú osvietení klienti, ale ako bolo potrebné vycestovať a naberať skúseností v zahraničí, musíme si teraz prejsť obdobím napo-

Fitzgerald: "Having culture means having a future." Generous and humble nature of the people of the east became a disadvantage in the competitive world of capitalism, but being able to live on little material possessions may prove to be a big plus. Our inwardly enclosed society is a paradox which is not due to its strength but rather to its fear of the unknown. It is imperative to establish our identity, our balanced self-awareness as an integral part of the wider society — if we achieve that, what others think becomes irrelevant.

The east suffered the largest emigration outflow of the whole state. This massive decline of the population including its cream of the crop has been a loss and it hampered the development. The east just as any other Slovak region suffers from cronyism, corruption and misuse of public re-

sources, pre-arranged "tenders", unfair practices of the big players. It is rare to find pioneers who do not give up after encountering initial minor hurdles. If they overcome them and their own limitations, they become an example to others. Why not use these elements and our distinct identity to build a healthy sustainable environment and use it to our advantage over other Slovak regions?

Economic crisis in Europe set many people in motion, sending some of them back where they came from. These people however gained experience during their wanderings which is now being slowly released in their home environment and their altered behaviour is gradually showing its influence on conservative locals. What they have earned abroad they often invest at home now in their living or businesses.

dobňovania a následne jeho prirodzeného transformovania. Pritom útočí na naše zmysly aj globálny trend spoločnosti, s ním spojená premena hodnôt, ktorej sa skôr či neskôr nevyhneme. Dôležitejšia je schopnosť vnímať svoje možnosti a správne definovať potreby tu a teraz, ako prípadne vedieť cudzí jazyk, ktorý je len prostriedkom. Myslieť svetovo, ale konať na mieste.

Tak ako pri liečení chorého je dôležitá diagnóza, ale ešte dôležitejšia je príčina choroby. Jedine tak sa vieme s problémom správne a efektívne vyrovnať. Rozbité chodníky, neudržiavané parky, ošarpané fasády, zastarané interiéry a nevhodné dispozície množstva stavieb sú len diagnózy. Aká je však ich príčina? V spoločnosti sa často stretávame s problémom, že sa nevieme dohodnúť a rešpektovať. Myslieť v prospech komunity je rovnako dôležité, ako obhajovať vlastné záujmy. Tieto vzťahy sú narušené a komunitné správanie takmer neexistuje.

Súčasný vývoj spoločnosti spôsobuje znovuvytvorenie malých komunít, veľmi silnú a rýchlo rastúcu tendenciu tvoria napríklad antikonzumenti, ekológovia alebo aj hipsteri. Vysťahovalectvo z miest a opätovné osídlenie vidieka, s tým spojené a sprofanované „eko" začína byť dokonca módnym trendom, no aj ekonomickou nevyhnutnosťou. V takomto prípade stojí za zamyslenie, akú tvár chceme dať nášmu vidieckemu životu. Pôvodné tradície permanentne vymierajú. Noví vidiečania sa musia na vlastných chybách učiť poľnohospodárstvu a tak vytvárajú iný obraz domova, prinášajú inovácie aj do architektúry. Čoraz väčšmi sa

Thus some high-end architecture is emerging as well as enlightened clients, but just as it was necessary initially to travel abroad and gain some experience, now we have to endure the imitation stage and consequently its natural transformation. At the same time, the trend of globalization of society and related and unavoidable reassessment of our values attacks our senses. The ability to understand one's capacities and define the requirements at the given moment is more important than let's say knowing the foreign language which is only a tool. To think globally but act locally.

Just as the diagnosis is a prerequisite to cure the sick, it is even more important to understand the root cause of the illness. Only armed with that knowledge we can deal with the problem accurately and effectively. Sidewalks full of potholes, run-down parks, dilapidated facades, outdated interiors with deficient layouts of many buildings are but diagnoses. But what is the cause behind all this? In a society, we often encounter a problem of being unable to come to terms or respect others. Having the community's interest in mind is just as important as defending one's own interests. These relations had been disrupted and a pro-community behavior almost does not exist.

The current development in the society brings along the recurrence of small communities — we can identify this strong and fast-growing trend for example among anti-consumerist groups, environmentalists or hipsters. First came the emigration from settlements, then the reverse influx to rural areas, with the once-resented "eco" becoming not only trendy again but even an economic necessity. Under these circumstances, it is relevant to ask what kind of a makeup do we envision for our rural life. The original

ľudia obracajú za zdravými, teda prírodnými stavebnými materiálmi, v čom vidím veľký potenciál regiónu a dúfam, že nabehne na prichádzajúci svetový trend v dostatočnom predstihu a nebudeme sa zas musieť vyhovárať, že nás opäť niekto predbehol.

Z každej nevýhody môžeme urobiť pre seba výhodu, len treba zmeniť svoj uhol pohľadu, zanechať konvenčné metódy a prispôsobiť sa novým podmienkam.

Je to na architektovi, ale ešte viac na klientovi, ktorý si vyžiada službu. Takmer vždy požaduje niečo, čo už niekde videl alebo zažil. Napodobňuje to, čo sa mu páči. Nanešťastie je veľmi málo solídnych príkladov v okolí a často sa opakujú tie nevhodné.

Verejné povedomie o architektúre a pozícia profesio-

nálov (vysokoškolsky vzdelaných ľudí) je degradovaná kvalitou školského systému, ale ešte väčšmi tradíciou skorumpovaného socializmu. Architekti by si, naopak, mali uvedomiť, že ich služba nie je výnimočná a mali by pracovať na spoločnej cti profesie a na spoločnej komunite. Môžu vytvárať spoluprácu s cieľom spoločnej propagácie, s rešpektom vstupovať do spoločenských aktivít svojou autoritou, a tak vytvárať potrebné správne verejné povedomie.

traditions are continually dying out. The new country inhabitants must learn anew the agrarian skills on a trial and error basis and hence generate a new image of the landscape, including innovations in architecture. People are drawn more and more to healthy, natural building materials and the region has a big potential in this field. Let us hope that it will get a sufficient head start in this upcoming global trend so that we will not have to complain yet again that others did it first.

Any disadvantage can be turned into our advantage. The only thing we need to do is to change our vantage point, leave the conventional methods behind and adjust to the new reality.

The responsibility rests not only on the architect but even more on the client requesting the service. Almost as a rule he tends to ask for something he had already seen or

experienced elsewhere. He imitates what he liked. Unfortunately, there are very few good templates in the surroundings to be inspired by and so the bad examples are often being repeated.

Public awareness of architecture and the status of university-educated professionals in the field has been degraded by poor quality of the education system and even more by the corrupt socialist tradition. Architects on the other hand should realize that their service is nothing extraordinary and they should strive to improve the credit of the profession as well as their community. They can coordinate their efforts in order to better proliferate the common goals, use their authority and respect to enter the public life and influence this way the creation of the right public awareness.

Kasárne/Kulturpark
Barracks/Culture Park

2013

miesto / location	architekt / architect
Kukučínova 2 Košice	**ZEROZERO** Irakli Eristavi

spolupráca / in collaboration with

Pavol Šilla, Marcel Benčík, Milan Vlček, Silvia Šillová

www.zerozero.sk

Polykultúrne prostredie Kasárne/Kulturpark je vlajkovou loďou indukovaného projektu „Európske hlavné mesto kultúry" (v roku 2013 prisúdeného aj Košiciam). Vo svojej veľkorysosti, komplexnosti a dôslednosti predstavuje zriedkavý (nasledovaniahodný) model konverzívnych architektonických aj mimoarchitektonických aktivít, motivovaných katalizačnými účinkami na lokálnu kultúrnu scénu.

Koncepcia rekonštrukcie, revitalizácie a animácie areálu nepoužívaných kasární (vybudovaných na prelome 19. a 20. storočia na dnes pomerne atraktívnom mieste v dotyku s historickým centrom) a jeho adaptácia na viacúčelové kultúrne zariadenie sa rozvíja v autorsky zrelej, veľkorysej a pritom prenikavo pokornej podobe.

Základ projektu tvorí konverzia pôvodných objektov kasární, rozvinutá v rýdzom jazyku reduktívneho prístupu — z elegantných historických budov sa stali efektívne prevádzky pestrej náplne — od výstavných a koncertných sál až po tvorivé dielne. Architektonický program areálu potom rozvíjajú ďalšie doplňujúce objekty a novostavby (vrátane mohutného podzemného parkoviska), zjednotené do súdržného „živého" celku platformou otvoreného verejného priestranstva.

Multi-cultural environment of the Barracks/Culture Park is a flagship induced by a project of the European Capital of Culture (designated to Košice for 2013). In its generosity, complexity and consistency, it represents a rare (and worthy of following) model of transforming architectural as well as non-architectural activities, motivated by its aim to serve as a catalyst to the local cultural scene. The concept of renovation, revitalisation and animation of the complex of abandoned barracks (built at the turn of the 19th and the 20th centuries at a location fairly attractive today, directly connected to historic centre) and its adaptation to a multi-purpose cultural venue has been developed by its designers in a mature, generous yet strikingly unpretentious manner. The core of the project consists in conversion of the original barrack buildings in a pure language of its reductive approach: sleek historic buildings had been turned into effective facilities of various nature, from exhibition and concert halls to creative workshops. Architectural programming of the complex has been further expanded by auxiliary facilities and new buildings (including a huge underground parking garage), all consolidated into a homogenous "living" entity through an open public space platform.

179

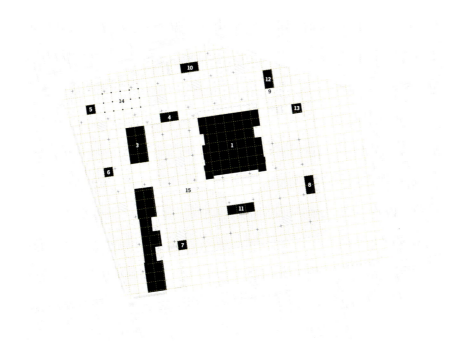

Kasárne/Kulturpark
Barracks/Culture Park

181

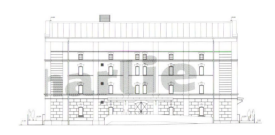
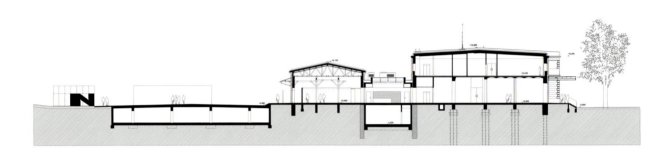

Súčasná architektúra na východe Slovenska
Contemporary architecture on East Side of Slovakia

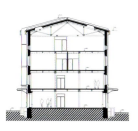
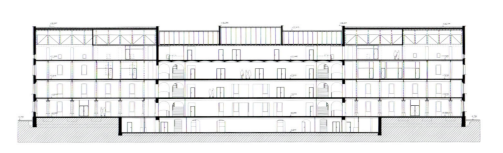

Kasárne/Kulturpark
Barracks/Culture Park

Kasárne/Kulturpark
Barracks/Culture Park

SPOT Važecká

Nad jazerom — Važecká
Košice

ATRIUM ARCHITEKTI
Dušan Burák
Michal Burák
Marek Ganz

Cena Dušana Jurkoviča 2004
nominácia / nomination

SPOT Ľudová

Luník III — Ľudová
Košice

Peter Pásztor
Martin Ondrej
Matúš Človiečik
Martin Pačay
Pavol Wohlfahrt

SPOT Wuppertálska

Sídlisko KVP — Wuppertálska
Košice

Matej Mihalič
Martin Mihály

SPOT Štítová

Terasa — Štítová
Košice

Juraj Lengyel
Zuzana W. Sentelíková
Pavol Wohlfahrt
Martin Pačay
Anna Vongrejová

Výmenníkové stanice
Heat Exchanging Plants
SPOTs
2013

Séria reanimačných projektov výmenníkových staníc — SPOTs, ktorá na rôznych miestach košických sídlisk prebehla pod gesciou Európskeho hlavného mesta kultúry Košice 2013, vznikla s cieľom katalyzovať miestne komunitné prežívanie — rozvinúť potenciál voľnočasových aktivít konkrétnou adresnou náplňou a v participácii prehĺbiť vzťah obyvateľov k prevádzke súčasnej kultúry.

Ako kryštalizačné jadrá tohto decentralizačného „sociálneho experimentu" poslúžili zastarané objekty sídliskovej infraštruktúry — výmenníkové stanice, ktorých pôvodný stavebný rozsah ostal nástupom nových technológií predimenzovaný. Z uvedených dôvodov boli transformované do podoby záchytných spoločenských stredísk s rozmanitou náplňou — športovou, výstavníckou či vzdelávacou. Dôsledné rozvinutie decentralizačného úsilia a individualizovaných stratégií premeny pôvodných objektov prispelo k tomu, že každý z výmenníkov funguje ako svojbytná prevádzka s osobitým programom a jedinečnou architektonickou identitou: zatiaľ čo expresívne poňatý SPOT Važecká oživuje svoju fasádu fazetami prelamovanej lezeckej steny, triezvy SPOT Wuppertálska exponuje potenciál intenzívne využívaného športoviska nadstavbou ihriskovej klietky. Komorný SPOT Štítová je uspôsobený dielenským aktivitám workshopov a SPOT Ľudová zasa získal podobu telocvične s priľahlou skejtovou dráhou. Celkovo sa do transformačného projektu kultúrnych centier zapojilo osem výmenníkových staníc.

A series of re-animation projects for heat exchanging plants — SPOTs — that took place in various locations of Košice housing estates was organised as part of the European Capital of Culture Košice 2013 events. The project goal was to catalyze local community experience — to develop the potential for leisure time activities in a particular and focused way and, through the citizens' involvement, deepen their relationship towards the contemporary culture.

Obsolete heat exchangers, elements of any housing estate infrastructure, proved to serve as crystallization nuclei for this decentralizing "social experiment". The plants built years ago are oversized to house the new technologies and therefore were turned into community socializing centres with a particular focus — be it sports, exhibitions or education. Thorough decentralizing efforts and individualising strategies to convert the original structures into something new allowed running each of the former exchanging plants as an autonomous unit with its own programme and unique architectural identity: an expressive SPOT Važecká shows a vivid facade with facets of a multi-bended climbing wall, a sober SPOT Wuppertálska improves the potential of an intensively used sports area by a superstructure — a playground cage. A cosy SPOT Štítová accommodates creative activities of workshops and the SPOT Ľudová was transformed into a gym with adjacent skateboard rink. The transformation project involved a total of eight heat exchangers turning them into centres of culture.

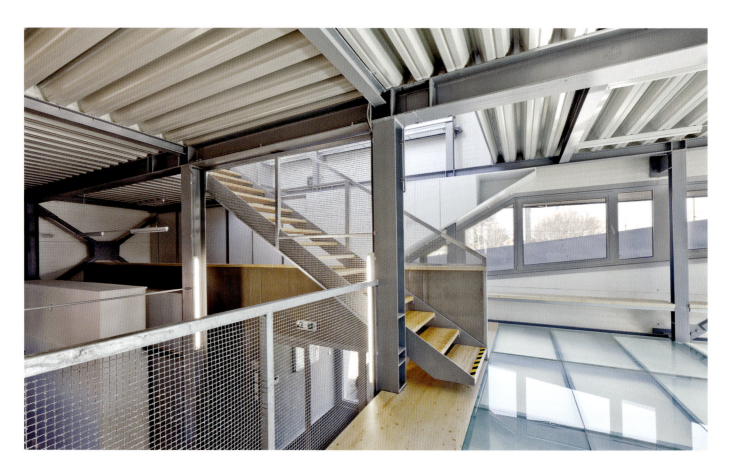

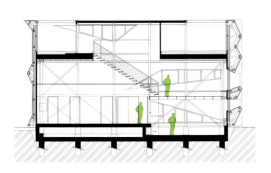

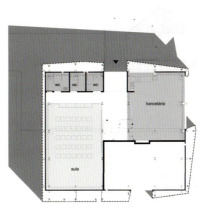

SPOT Užhorodská

189

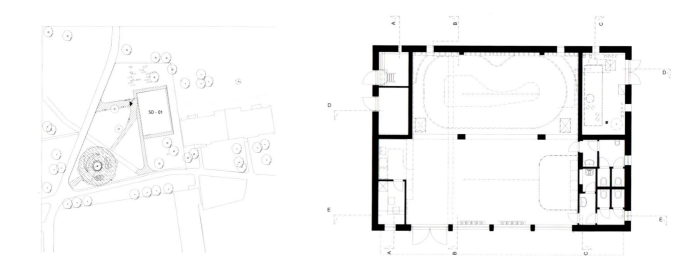

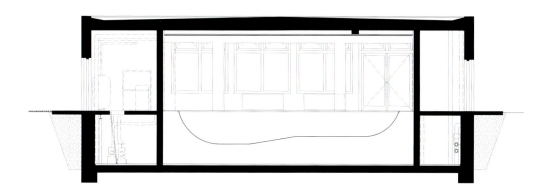

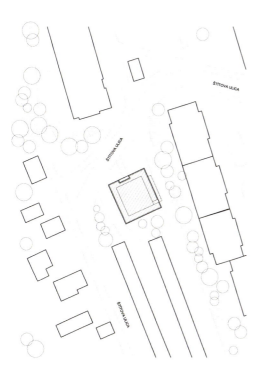

Farský kostol Božieho milosrdenstua
Parish Church of Divine Mercy

2013

miesto / location	architekti / architects
Trieda KVP 6 Košice	Pavel Šimko, Richard Neufeld, Peter Pásztor, Martin Drahovský, Ladislav Friedmann, Rastislav Rozman

www.architectum.sk
www.dpa.sk

V štruktúre košického sídliska KVP, v tesnej blízkosti pomerne frekventovanej nosnej komunikácie sa týčia dve zrastené organické formy — gestá zhmotnené v úhľadnej metalicky sivej fasáde plechového opláštenia. Konkávne tvarované objemy sú výslednou podobou farského kostola, dokončeného po dlhšej stavebnej odmlke. Napriek zdĺhavému vývoju a výraznejšiemu časovému odstupu od prvotnej architektonickej myšlienky pôsobí budova sviežim — nadčasovým dojmom.

Prvotný, expresívne stvárnený námet stavby je založený na redukovanom dispozičnom programe — hlavná, dramaticky prevýšená loď chrámu je doplnená postrannou apsidou v základni kostolnej veže. Obidve získali pôdorysný obrys orientovanej mandorly. Ťažiskovým architektonickým motívom celého diela sa stala obnažená konštruktivistická čipka dreveného krovu s oceľovými ťahadlami. V usporiadanom rytme vnáša do interiéru kýženú monumentálnosť (sakrálneho prežívania), zvýraznenú scénickou prácou s osvetlením. V exteriéri sú drevené rebrá kryté organickými škrupinami, v tvare majú pripomínať loď, pripravenú vyplávať na vlnách religiozity.

In the KVP housing estate, Košice, and in the immediate proximity to a rather busy road, two organic forms rise, grown into one — gestures materialised in a neat grey metallic facade of the metal sheathing. Resulting concave-shaped volumes of the parish church were completed after a longer building pause. Despite a lengthy progress and the long lapse of time between the initial idea and the realisation, the building gives a fresh look to beholders, a timeless appearance.

The original, expressively shaped design is based on a reduced layout programme — the dramatically rising main nave is complemented by a side apse in the base of the church tower. The nave and apse are both of a mandorla (i.e. almond nut) shape layout. The principal architectural motif is a bare constructivist lace of the wooden roof frame with steel tie rods, giving the church interior the desired monumentality (of sacral experience) with its organised rhythm, emphasized by illumination. Wooden ribs on the exterior are covered by organic shaped shells — the shape is to remind people of a ship ready to sail the waters of religiosity.

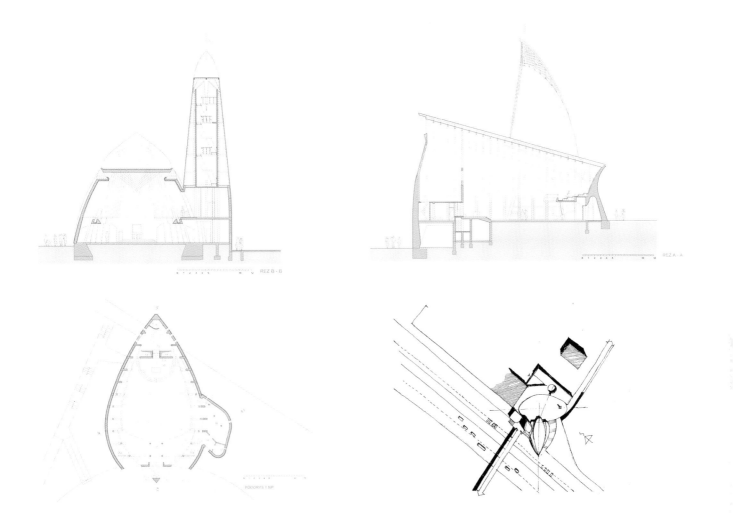

Farský kostol Božieho milosrdenstua
Parish Church of Divine Mercy

Rekonštrukcia kláštora dominikánou
Renouation of the Dominican Monastery

2010

miesto / location	architekti / architects
Mäsiarska 6 Košice	Peter Bouda, Ivan Masár, Juraj Almássy, Richard Čečetka

www.bmarch.sk

Vstupovať s architektonickými názormi do prostredia tak extrémne citlivého, akým je historický areál kláštora, najmä ak sa v ňom krížia (často protichodné) siločiary — na jednej strane verejný záujem reprezentovaný požiadavkami pamiatkovej ochrany, na druhej zasa (jasne ambivalentné) utilitárne požiadavky verejne aktívnej, súčasne však kontemplatívnej rehole kazateľov — dominikánov, to si vyžaduje mimoriadnu vyzretosť aj obozretnosť.

Dominikánsky konvent sa zo svojej historickej podstaty aj logiky vzdelanostnej referencie viaže na prevádzku súčasnej kultúry. Neprekvapí teda, že voľba na autorov rekonštrukcie košického kláštora dominikánov, ktorá sa z pôvodne zamýšľaných záchranných údržbových prác rozvinula do komplexnej pamiatkovej obnovy, padla na architektonický ateliér s bohatými skúsenosťami, ale aj s jasným, súčasným spôsobom profilovaným rukopisom. Architektonická kancelária Bouda/Masár sa rekonštrukcie zmocnila v pomerne triezvom mode — podlažia kláštornej budovy očistila od stavebných nánosov predchádzajúcej epochy, zošľachtila jej funkčnosť jasne artikulovanými novotvarmi a pridala (intaktný) sebavedomý solitér vertikálnej komunikácie — sklenej výťahovej veže na nádvorí kláštora.

To enter with a new architectural activity such an extremely sensitive environment as a historical monastery complex, moreover while different (and often contradictory) trends are present: the public interest represented by the requirements of the monument protection on one hand, and utilitarian (and clearly ambivalent) requirements of publicly active yet contemplative Order of Preachers — Dominicans on the other, calls for an exceptional seasoned and cautious approach.

By its historical essence as well as by the inherent logic of their educational references, the Dominican order is linked to the contemporary culture. Therefore it came as no surprise that the preference for the renovation of the Dominican Monastery in Košice — which instead of just maintenance works as originally planned became a complex heritage renovation — was granted to the architectural studio with a rich expertise as well as their clearly recognizable contemporary style. Bouda/Masár architectural studio tackled the renovation in a relatively sober manner — they cleared the building levels from any construction clutter of the previous era, refined its functionality by clearly defining the new extensions and added a separate self-confident solitaire vertical communication element — a glass elevator shaft in the courtyard of the monastery.

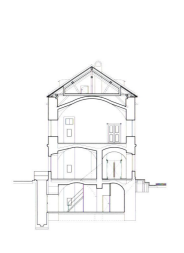
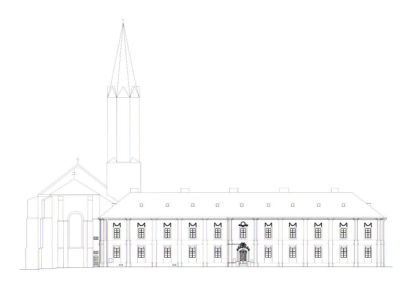

Rekonštrukcia kláštora dominikánov
Renovation of the Dominican Monastery

207

Dom smútku
Cemetery Chapel

2003

miesto / location	architekt / architect
Sady nad Torysou–Byster	Štefan Pacák
	www.kopa.sk

Architektonická téma stavby domu smútku predpokladá mimoriadne citlivý prístup autorov. Fundamentálna účelnosť je práve pri tomto zadaní najväčšmi podriadená hypostáze vnútornej existenciálnej opory pre návštevníkov, stiesnených citovým rozochvením a životným smútkom. Realizácia v časti obce Sady nad Torysou spĺňa stanovenú požiadavku príkladným spôsobom.

Stavba je zámerne zbavená štylizovaného architektonického výrazu, senzitívne narába s vernakulárnou tradíciou, no zároveň prináša tvaroslovie triezvo komponovaných motívov súčasnej stavebnej kultúry.

Objekt je umiestnený na západnom okraji obce Sady nad Torysou, otvorenej do voľnej krajiny polí; v urbanistickej textúre obce nadväzuje na sekvenčné radenie rodinných domov a svojou mierkou vhodne uzatvára komorný areál novovybudovaného cintorína. Nízku jednopodlažnú budovu, súbežnú s hranicou pozemku, definujú dve paralelné línie. Jedna z nich — v konvexnej geometrii vykreslená rytmom drevených stĺpov — otvára obradnú sálu výhľadom do bezprostredného okolia.

The architectural concept of a cemetery chapel calls for an exceptionally sensitive approach of authors. The fundamental expediency most closely follows the hypostasis of inner existential support to those who come to the place, broken and moved by emotions and sadness. The cemetery chapel in Sady nad Torysou is exemplary in meeting the above requirements. Intentionally freed from stylised architectural expression, sensitively embracing the vernacular tradition, it also brings in the "morphology" of soberly composed motives typical of the nowadays building culture.

The building is located on the western edge of the village Sady nad Torysou and opens towards the exterior of fields; in an urban grain of the village it acts as a continuation of sequentially placed detached houses, having a suitable scale for the intimate area of a newly built cemetery. A low one-storey building, lying in collateral with the site border, is defined by two parallel lines. One of them — using a rhythm and convex geometry of wooden pillars — offers the view of surrounds right from the ceremony hall.

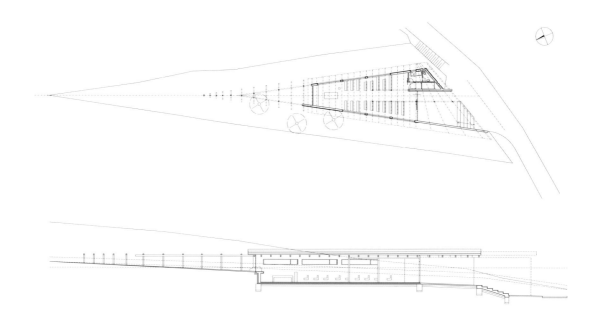

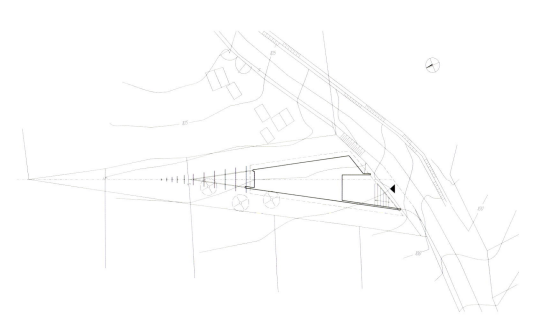

Dom smútku
Cemetery Chapel

Súčasná architektúra na východe Slovenska
Contemporary architecture on East Side of Slovakia

Rodinný dom / Family House DD

2013

miesto / location	architekti / architects
Vydumanec Prešov	**zerozero** Irakli Eristavi Pavol Šilla Silvia Šillová

www.zerozero.sk

Nekompromisne priezračná architektonická rétorika kryštalizuje definitívnym spôsobom v prvotnom zadaní — pohodlnom bývaní doslova v lone prírody. Zrelý autorský prejav necháva vyznieť stavebný súlad, nezvratnú logiku životnej prevádzky v čitateľnej dispozícii a v čestnej interiérovej či exteriérovej dramaturgii. Objekt rodinného domu na jednej strane splýva s prostredím malebne zarastenej krajiny (dôsledne využívajúc všetky príťažlivé konzekvencie terénnej situácie); na strane druhej však nevtieravo, no sebavedomo prezrádza svoju súnáležitosť k mestskej identite.

Dom je komponovaný ako prostá pravouhlá hmota obytného podlažia, vyzdvihnutá vo svahovitom teréne na tvarovaných pilieroch a výhľadmi zacielená do okolitej krajiny. Prístup z komunikácie v hornej časti pozemku plynulo prechádza navrstvenou dispozíciou domu, aby „vyhliadkovými terasami" vyústila do spálne a obývačky. Zvyčajnú zostavu obytných miestností dopĺňa nezvyčajný prvok vnútorného átria, ktorým priebežne preniká vertikálna komunikácia — v podobe delikátneho točitého schodiska prepája úroveň strechy s podlažím domu aj so spodnou časťou (pod domom), zamýšľanou ako krytá pobytová terasa, priamo naviazaná na záhradu.

Uncompromisingly clear architectural rhetoric ultimately crystallized in the initial brief — a comfortable living right in the heart of the country. A mature hand of the author allowed the harmony of construction and conclusive logic of living to display in an intelligible layout, and in honest interior and exterior composition. On the one hand, the house blends with the scenically overgrown countryside (making a thorough use of all attractive effects of the terrain); on the other hand it claims to be an advocate of a town-like identity, presenting it inconspicuously, yet in a self-confident manner.

It is designed as a simple orthogonal mass of a single-dwelling storey, rising on sculptural pillars in a sloping terrain and looking out at the surrounding countryside. The road access in the upper part of the land smoothly goes through the layers of the house, to find the way out in the "terraces with a view" pertaining to the bedroom and sitting room. Classic composition of rooms has an unusual addition — an inner atrium, with a vertical communication line i.e. a subtle winding staircase linking the roof level with the main floor level and the part underneath the house, the latter intended to form a covered patio, directly linked with the garden.

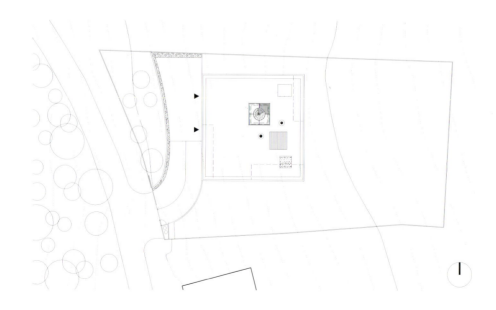

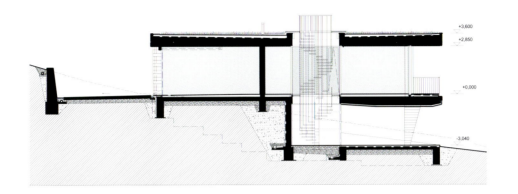

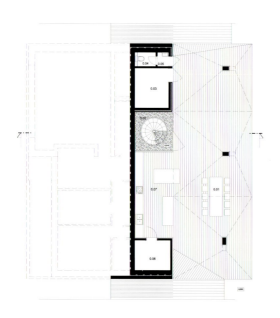

Rodinný dom DD
Family House DD

Rodinný dom DD
Family House DD

Vila H
Villa H

2010

miesto / location	architekti / architects
Suchodolinská 55 Košice	**ATRIUM ARCHITEKTI** Dušan Burák, Michal Burák

spolupráca / in collaboration with

Ladislav Baran, Marek Bakalár, Zuzana Kňazeová

www.atriumstudio.sk

Architekti zo štúdia Atrium v rodinnom dome Vila H odviedli nezvyčajne synergickú prácu s dvojmocnosťou tradície a inovácie. Stavba je na jednej strane naplno ukotvená v regionálnych estetických kánonoch nultých rokov aj v ich obsahových očakávaniach; na strane druhej prináša učebnicové (takmer toporné) naplnenie metafunkcionalistických princípov (v dobrej kondícii sa tu ukazujú minimálne štyri z piatich kodifikačných bodov) — to všetko v nenútenom, svojbytnom a vyrovnanom podaní.

Vila H je rozvrhnutá ako stále bývanie pre štvorčlennú rodinu s apendixom apartmánovej jednotky. Naplno čerpá výhody atraktívneho terénneho umiestnenia: stavba je osadená v strmom svahu, čo umožnilo rozvinúť dispozičnú náplň v troch nadväzujúcich podlažiach. Čiastočne zapustené prízemie obsadili obslužné prevádzky a vstup do domu; ten pokračuje dvoma ďalšími poschodiami obytnej a privátnej časti. Obidve vypĺňajú primárnu hmotu kvádra (v exteriéri stvárneného delikátnym dreveným obkladom), ktorý sa na uličnej strane uzatvára pásovými oknami, aby sa na odvrátenej strane naplno otvoril veľkorysými sklenenými plochami do záhradných terás orientovaných na západ. Rafinovanou prácou s priestorovým rozvrhnutím, jeho svetelnou moduláciou sa majiteľom domu dostáva zvýšenej kvality bývania.

In the course of designing the Villa H, Atrium studio architects managed to achieve an extraordinary dual synergy between the tradition and innovation. The building is deeply rooted in the regional aesthetic canon and expectations of the earlier times on one hand and almost schoolbook fulfillment of meta-functionalist principles (showing clearly in at least 4 out of 5 codifying points). And all of this in a casual, self-conscious and balanced interpretation.

Villa H has been laid out as a permanent residence for a family of four, with an additional apartment unit attached. It takes full advantage of the attractive site conditions: it is set into a steeply sloping hillside which allowed for a development of the house program on three adjoining floors. Partially buried ground floor is occupied by supplementary functions and the house entrance, the upper storeys belong to the private and the living quarters. Together they create a primary shape of a block (delicately clad in wood in the exterior) which is enclosed and allowing only strip windows on the street side, but on the opposite west side it opens up through a full-height glazing towards garden terraces. Thanks to a cunning work with the space arrangement and illumination modelling, the owners acquired an advanced quality of living environment.

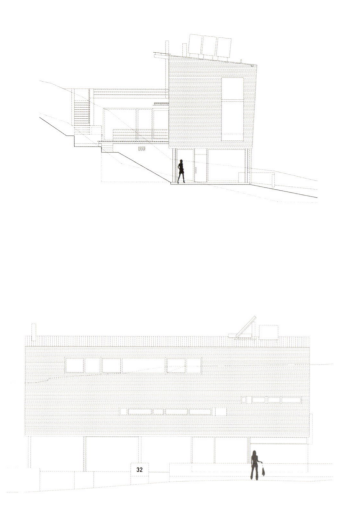

Súčasná architektúra na východe Slovenska
Contemporary architecture on East Side of Slovakia

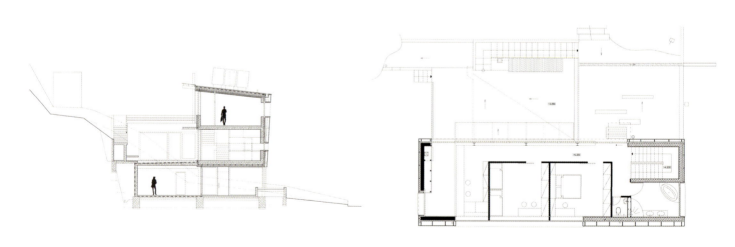

Revitalizácia hradného areálu
Revitalization of Hradová Castle Compound

2012

miesto / location	architekti / architects	ceny a nominácie / awards and nominations
vrch Hradová Košice	**Archikon** Ján Sekan Richard Krajči Branislav Ivan	CE.ZA.AR 2013 cena verejnosti / prize from the public

Kopec Hradová bol pre Košičanov vždy obľúbeným cieľom víkendových výletov. Popri tajomnej histórii tohto miesta obklopeného prírodou dnes majú obyvatelia aj ďalší dôvod na jeho návštevu. Revitalizácia Hradovej priniesla novú vybavenosť, ako je lesná scéna, panoramatická lávka či návštevnícke centrum. Drevená architektúra týchto objektov s charakteristickou textúrou horizontálnych dosiek zapĺňa priestor lesa, hľadajúc svoje miesto medzi stromami. Usmerňuje pohyb a výhľady návštevníkov, poskytuje im informácie o fenoménoch, ktoré ich obklopujú.

Miesto samotné dodáva architektúre na expresívnosti. Tá musí prekonávať terénne prevýšenia a súčasne poskytnúť návštevníkovi komfort, musí chrániť prírodu a zároveň pokoriť hustý les; a pritom si neustále pozerať pod nohy. Prírodné agátové drevo bez povrchovej úpravy reflektuje ekologický rozmer diela, ale aj metafyzický, keď dôjde k premene materiálu v čase.

V architektúre cítiť viac ako číru utilitárnosť; napríklad pódium lesnej scény pôsobí aj ako výtvarné dielo v prírode. Nová architektúra prináša návštevníkom Hradovej viac zážitkov a radosti z bádania. Toto miesto si ju zaslúži.

Hradová Hill has always been a popular destination for weekend outings for the inhabitants of Košice. Apart from the mysterious history of this place surrounded by natural scenery, people now have another reason for visiting the castle compound. Revitalization of Hradová has introduced new attractions such as the forest auditorium, a panoramic footbridge and a visitor centre. The wooden architecture of these objects with characteristic texture of horizontal boards fills the space of the forest, looking for its place amongst the trees. It is guiding the movement of visitors towards the vistas and provides them with information about the various phenomena that surround them.

The place itself adds expressiveness to the architecture. It has to overcome the changes in topology while providing comfort to the visitor; it has to protect the nature while navigating through dense forest; and at the same time it has to constantly watch the ground under its feet. Natural acacia wood without any coating finish reflects the environmental dimension of the work, but also the metaphysical one when it comes to transformation of the material over time.

One can feel more than pure utility in the architecture; for example the stage of the forest auditorium appears as a work of art in nature. The new architecture brings more experiences and joy from exploration to the visitors of Hradová. This place deserves it.

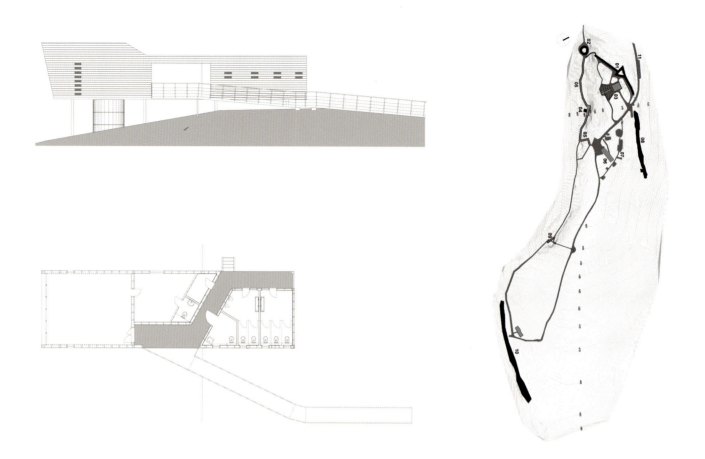

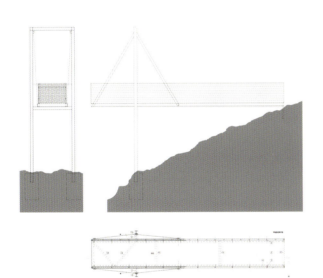
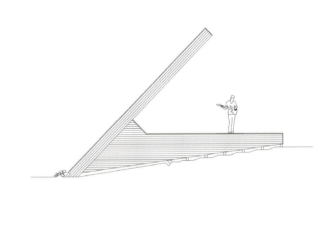

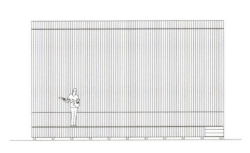

Revitalizácia hradného areálu
Revitalization of Hradová Castle Compound

Vojenský cintorín
Military Cemetery

2007

miesto / location

Bodružal

architekt / architect

ATRIUM ARCHITEKTI
Michal Burák

spolupráca / in collaboration with

Dušan Burák, Peter Valach

www.atriumstudio.sk

Pamätník padlých vojakov nesie štvorcové plató vsadené do svahovitého terénu na konci bodružalského cintorína. Priestor pamätníka je tak jasne vymedzený a architektonizovaný, ale súčasne si zachováva prírodný ráz. Predpokladá sa, že v týchto miestach bolo počas prvej svetovej vojny pochovaných 400 vojakov v 39 masových hroboch.

Pietnemu miestu dominuje kríž vytvorený ako odtlačok prázdnoty do hmoty geometricky jednoduchého piliera. Vertikálna drevená skulptúra je perforovaná 39 otvormi, ktoré nám pripomínajú existenciu masových hrobov. Chýbajúce prvky sú v podobe betónových tabúľ rozmiestnené v priestore pamätníka do pravidelného rastra.

Lavička dovoľuje pozorovať okrem priestoru pamätníka aj drevený artikulárny kostolík, významné dielo vedené aj v Zozname svetového kultúrneho dedičstva UNESCO. Trávnatá plocha vojenského cintorína a drevené elementy na ňom vedú tichý dialóg s blízkym kostolom a okolitou prírodou. Architektonické stvárnenie miesta piety a spomínania si vyžaduje obzvlášť citlivú prácus hmotou a materiálom.

The memorial of fallen soldiers is set on a square platform embedded in a sloped terrain at the end of Bodruzal cemetery. This clearly defines the architectural boundaries of the memorial, yet it does not disrupt the natural appearance. The estimate is that around 400 soldiers had been buried in this area in 39 mass graves during the World War I.

The pious location is being dominated by a cross created as an imprint of emptiness in the body of a simple geometrical form of a pillar. Vertical wooden sculpture has been pierced with 39 holes reminding us of the mass graves. The missing parts in a form of concrete gravestones had been arranged in the memorial area in a regular pattern.

Except the memorial itself, from the bench one can see also the wooden articular church, an important historic site listed in the UNESCO World Heritage. The green lawn of the military cemetery with its wooden elements are engaged in a silent dialogue with the church nearby and the nature surrounding it. The architectural expression of this place of solemn contemplation required an exceptionally sensitive work with forms and materials.

238 Súčasná architektúra na východe Slovenska
Contemporary architecture on East Side of Slovakia

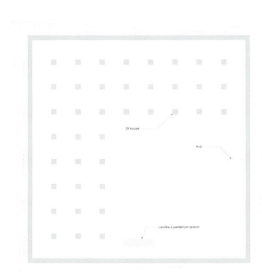

Vojenský cintorín
Military Cemetery   239

Vysoké Tatry: Správa o stave spoločnosti rečou architektúry

„Megalomanské urbanistické koncepty zasiahli aj podhorské lokality. V dedinách, kde sa za bezmála 700-ročný historický vývoj usadilo sotva 1 500 obyvateľov, sa mal tento počet v priebehu niekoľkých rokov výstavby zvýšiť takmer na 10 000."

Tomáš Bujna

High Tatras: Report on the state of society through the language of architecture

"Megalomaniac urban concepts affected even locations at the foothills. In the villages where over the course of their almost 700 years of existence the population peaked at 1500 inhabitants at best, this number was to climb to almost 10,000 in a span of just a couple of years."

Tomáš Bujna

Architektúra, respektíve staviteľstvo nám vždy odzrkadľuje nielen spôsob života ľudstva, jeho technickú a kultúrnu úroveň, ale najmä spoločensko-ekonomický stav spoločnosti. Architektúra sa tak stáva najspoľahlivejším dejinným záznamom o vyspelosti života v každej dobe. Každá zemepisná oblasť preferuje určité svoje tradície, zvyky a kultúru. Kvalitný dom preto v danom prostredí rešpektuje miestne zvyklosti, respektíve analogicky na ne nadväzuje a v tom lepšom prípade posúva staviteľstvo dopredu.

Spiš patrí svojou architektúrou oddávna k vrcholom kultúrneho dedičstva a dodnes sa na tomto území nachádza najviac architektonických skvostov v rámci celého Slovenska. Jeho severná časť bola výnimočná aj vďaka svojim prírodným krásam — Vysokými Tatrami. Na úbočí s nimi žijeme a v podhorí sa nimi kocháme. Na jednej strane voľná solitérna zástavba, na tej druhej urbanizované podtatranské mestá. Obidve lokality majú svoje špecifiká a odlišnosti, ktoré treba rešpektovať.

Staviteľstvo vo Vysokých Tatrách vznikalo na základe iných spoločenských podmienok ako to v podhorských dedinách a mestách. Vládli tu rozdielne klimatické podmienky, ťažšia dostupnosť v teréne, ale aj strach z nepoznaného. Len relatívne nedávno, na prelome rokov 1881 — 1882, bola objavená zima — teda využívanie dovtedy výlučne letných sídiel aj počas zimných mesiacov. Prvé stavby vznikali bez akýchkoľvek regulačných plánov. Jednotlivé objekty vy-

Vysoké Tatry: Správa o stave spoločnosti rečou architektúry
High Tatras: Report on the state of society through the language of architecture

Tomáš Bujna

Architecture or the construction industry always reflects not only the way of life of the people, its technical and cultural accomplishments, but above all the socio-economic condition of the society. Thereby architecture becomes the most reliable historical record of the quality of life at each specific period of time. Every geographic location favours its own traditions, customs and culture. In any given environment, any quality house should respect local traditions or be inspired by them and in the ideal scenario, it advances the status quo further.

With its architecture, Spiš region has always belonged to the highlights of the cultural heritage and to this day, more architectural treasures can be found here than anywhere else in Slovakia. And its northern part was also unique due to its natural beauty — High Tatra Mountains. We live with them on their hillsides, we relish them from their foothills. There are loose solitary buildings on one side and urbanized Tatran towns on the other. Both have their own unique and distinct features which need to be respected.

Construction activities up in High Tatra Mountains grew from different social circumstances than the buildings in villages and towns at its foothills. There were different climate conditions, difficult terrain access and also fear of the unknown. It was only relatively recently, at the turn of 1881/1882 when the joys of winter were discovered—that is when the earlier exclusively summer residences started to be used during the winter months as well. The first buildings were erected without any regulations. These buildings

rástli zväčša sporadicky a postupne sa spájali chodníkmi a cestami. Oblasť tejto nadmorskej výšky sa postupom času a odborným pozorovaním vytypovala na liečebné a kúpeľné účely. V súčasnosti je na tomto mieste rad nových funkcií: rekreácia, turistika, šport, bývanie, ochrana prírody, výroba a doprava. Každá z nich má svoje expanzné požiadavky a problémy. Výstavba vo Vysokých Tatrách prekonala niekoľko výrazných etáp, ktoré niesli svoje módne znaky, prvky a prúdy súdobej architektúry. Rovnako sa menili požiadavky návštevníkov, hospodárska situácia, investičné možnosti miestnych stavebníkov — to všetko malo vplyv na architektúru. Objekty vznikali postupne, pozvoľne, podľa potreby. Všetko sú to solitéry — individuality. Každý objekt, ktorý tu stál a dodnes stojí, mal a má svoj príbeh, dôvod vzniku, svojho autora a ten zas svoj fortieľ. Je to architektúra danej lokality v danom období.

Vysoké Tatry sa azda najviac zviditeľnili v novodobých dejinách vďaka Majstrovstvám sveta v lyžovaní (1970), keď tu vznikali nové hotely a športoviská, infraštruktúra a vôbec — modernizovalo sa. Všetko staré a buržoázne, čo sa nestihlo ešte odstrániť v päťdesiatych rokoch zmizlo práve vtedy. Vzápätí nastala stavebná uzávera, ktorá by trvala dodnes, nebyť novembrovej víchrice v roku 2004. Až tá ukázala reálny stav budov a pre mnohých zrazu neuveriteľne veľa voľného miesta. Stavebný boom na začiatku nového milénia priniesol do tohto územia dovtedy nevídaný roz-

came up usually on a random basis and footpaths and roads were created to interconnect them. Gradually the area at this altitude was singled out and recommended by health experts for sanatorial and balneal purposes. Today, a variety of new activities are present here — from recreational, tourism, sports and housing to nature preservation, manufacturing and transportation. Each of them has its own expansion requirements and problems. Construction development in High Tatras went through several distinguished periods, all marked by the trends, features and styles of the day. At the same time, visitor requirements, economic situation, investment resources of local builders kept changing as well — all of this had an impact on the architecture. The buildings grew gradually, step by step, according to the demand. Every one of them is a phenomenon, with its own unique character. Every building that ever stood here and may be still standing has its own story to tell, its own reason of creation and its architect who also had his own life story. It is the architecture of the very specific place and time.

In their recent history, High Tatras came to the brightest spotlight thanks to the 1970 World Ski Championship when new hotels, sports venues and infrastructure emerged and the area got widely modernized. Anything old and "bourgeois" that happened not to be removed in 1950s was removed at this occasion. Following this, a building closure has been introduced and it would still be in place today had it not been for the hurricane of November 2004. Only that exposed the real state of the buildings and to some also thus far un-

mach apartmánových domov bez akéhokoľvek zamyslenia sa nad ich dosahom na okolie. Megalomanské urbanistické koncepty zasiahli aj podhorské lokality. V dedinách, kde sa za bezmála 700-ročný historický vývoj usadilo sotva 1 500 obyvateľov, sa mal tento počet v priebehu niekoľkých rokov výstavby zvýšiť takmer na 10 000. Tlak investorov bol neúprosný. Kríza, našťastie, väčšinu výstavby zastavila. Paradoxne kultúrne pamiatky zostali v tomto čase — sťaby neobmedzených financií — úplne bez povšimnutia. Mnohé spadli do základov a iné to ešte len čaká.

Miestni obyvatelia sú na situáciu okolo akejkoľvek výstavby vždy veľmi citliví. Snáď aj vďaka vekovému priemeru by sa mnohí radi vrátili do čias monarchie a vôbec ich nezaujíma dejinný či časový posun. Moderným stavbám veľmi nerozumejú ani miestni zákonodarci. Vo všeobecnosti je povedomie laikov v oblasti architektúry veľmi slabé. V takomto citlivom prostredí je o to náročnejšia práca architekta.

Súčasná architektúra vo väčšine prípadov pramálo pokračuje v odkaze predchádzajúcich generácií. Prestali sme si ctiť tradíciu, remeslo, zručnosť, jednoduchosť a jedinečnosť. Ako inak si vysvetliť fakt, že necháváme zanikať už aj kultúrne pamiatky. Odchádzajú nielen staré kúpeľné stavby Gedeona Majunkeho, ale aj objekty z dvadsiatych až tridsiatych rokov 20. storočia. Skvosty takých jedinečných autorov, akými boli napríklad Jozef Polášek, Stanislav Sucharda, Mi-

suspected vast swaths of empty land. From the outset of the new millennium, the building boom brought into this area an unprecedented development of apartment buildings, with no regard as to the impact to their surroundings. Megalomaniac urban concepts affected even locations at the foothills. In the villages where over the course of their almost 700 years of existence the population peaked at 1500 inhabitants at best, this number was to climb to almost 10,000 in a span of just a couple of years. The pressure of the investors was ruthless. Luckily, most of the development was brought to a standstill due to the economic crisis. It is a paradox that heritage monuments were left completely unnoticed during this era of seemingly unlimited finances. Many of them crumbled into a state of oblivion, and more are coming to the same end.

Local folks are always very wary when it comes to any new development. Maybe it is due to their high average age here but many would rather prefer to return to the times of the monarchy, they could not care less about the progress. Modern buildings are hard to sell even to the local lawmakers. The awareness in the field of architecture among the non-professionals is generally very limited. All the more demanding is the work of an architect in an environment such as this.

In most cases, today's architecture has very little to do with following any tradition of previous generations. We have given up on the merit of the tradition, the trade, the craftsmanship, the simplicity and the uniqueness. How else are we to explain that we have abandoned even monuments of our

lan Michal Harminc, či dokonca Dušan Jurkovič. Prestavbou ich objektov vznikajú domy bez vkusu, bez rešpektovania okolia, podliehajúce módnym trendom a negatívne ovplyvňujúce široké okolie.

Mesto — teda väčší sídelný útvar — takéto „zaťaženie" architektonickým experimentom znáša väčšinou lepšie. Hektický spôsob mestského života sa stáva povrchnejším voči svojmu okoliu. Je to však aj sídelný útvar s mladším vekovým priemerom a v tom prípade väčšou mierou tolerantnosti k novej — modernej — stavbe.

Súčasné staviteľstvo robíme pre budúce generácie, tie nás budú hodnotiť. Ak dokážeme objavovať a chápať históriu, potom pochopíme aj súčasnosť. V dnešnej uponáhľanej dobe asi nemá projektant veľa času na hlbšie štúdium lokality a hľadanie miestneho genia loci. Vídam domy plné citácií minulých dôb a to navyše veľmi povrchných citácií. V týchto prípadoch ide len o akési predstieranie architektúry, ktorá — ako povedal už Otto Wagner — nesmie servilne napodobňovať štýly minulosti. Ak teda platí prvá veta tejto úvahy, potom mám mierne obavy o tom, v akej spoločnosti to práve žijeme...

cultural heritage to their fate. It is not only the old sanatorium buildings by Gedeon Majunke that are disappearing, it is also buildings from 1920s and 1930s. Gems of such a calibre of architects as Jozef Polášek, Stanislav Sucharda, Milan Michal Harminc or even Dušan Jurkovič. Redevelopment of their original buildings results in tawdry houses ignoring their neighbourhood, fashioned to the latest trends but leaving their negative imprint on the surrounding area far and wide.

City as a larger urban entity has typically a higher tolerance to such "impacts" of architectural experimenting. Hectic city life tends to be less sensitive to the surroundings. At the same time, city has usually a lower average age of its population and hence it obviously has a higher tolerance towards the new and the modern.

We build today for the future generations, and we will be judged by them. If we are capable of discovering and understanding the past, we will understand the present. For an architect in this frantic day and age, there is very little time for a deeper study of the environment and for trying to grasp the genius loci. I encounter residences full of references to the times long passed, frequently very shallow ones, too. These instances represent just a pretence of the true architecture — because as late Otto Wagner said, the architecture should avoid slavishly copying the styles of the past. And if this is to be true, it slightly worries me what kind of a society we currently live in...

Obnova vyhliadkovej terasy
Refurbishment of the Viewing Terrace

2008

miesto / location	architekt / architect
Lomnický štít, vrcholová stanica lanovky **Lomnický peak, the peak station of the cableway**	Pavol Jurčo
	spolupráca / in collaboration with
	Ing. Miroslav Mačičák, Ing. Jozef Petrík

Vyhliadková terasa na Lomnickom štíte je súčasťou širšej rekonštrukcie skvelého diela architekta Dušana Jurkoviča. Pôvodná funkčná náplň stavby ako koncovej stanice lanovky a výskumného pracoviska bola okrem vyhliadkovej plošiny rozšírená o kaviareň, ubytovanie a botanickú záhradu s expozíciou endemitnej vysokohorskej flóry.
 Najväčším lákadlom je 4 metre dlhá a meter široká lávka, vykonzolovaná nad západné úbočie Lomnického štítu vo výške 2 634 m n. m. Pod lávkou sa rozprestiera Malá studená dolina a výhľad z nej smeruje na Veľkú Fatru a Martinské hole. Lávka súčasne umožňuje pozorovať impozantnú architektúru koncovej stanice lanovky, zrastenú masívnymi kamennými múrmi so skalným podložím.
 Vitruviovo firmitas sa v tomto prípade dostáva do polohy primárneho výtvarného konceptu diela. Vyhliadkovú terasu tvorí jednoduchá oceľová konštrukcia, ktorá okrem gravitácie vzdoruje aj masívnej námraze a silnému vetru. Toto staticky nevyhnutné minimum bez náznaku dekoru dopĺňa len jednoduché drevené držadlo zábradlia. Architektúre v extrémnych polohách takáto racionalita mimoriadne svedčí.

The viewing terrace on Lomnický Peak is part of a wider refurbishment of the great works of architect Dušan Jurkovič. The original function of the building as the terminus of the cable way and a research institute was apart from the viewing terrace extended with a café, accommodation and a botanical garden showcasing the endemic alpine flora.
 The biggest attraction is a four meter long and one meter wide terrace, cantilevered over the western slope of Lomnický Peak at 2,634 meters above sea level. Small Cold Valley (Malá studená dolina) stretches under the terrace and the view from here is towards Veľká Fatra National Park and Martinské hole. At the same time one can observe the impressive architecture of the cableway station and its massive stone walls grown into the bedrock.
 Vitruvian firmitas in this case becomes the driving concept of the work. The viewing terrace consists of a simple steel structure, which except the force of gravity resists massive frost and strong winds. Only a simple wooden handrail complements this bare structural minimum without a hint of decoration. It is a well suited approach to architecture in extreme locations.

Súčasná architektúra na východe Slovenska
Contemporary architecture on East Side of Slovakia

Obnova vyhliadkovej terasy
Refurbishment of the Viewing Terrace

Prestauba Chaty pod Rysmi
Rebuilding of the Chalet below the Rysy peak

2012

miesto / location

Vysoké Tatry — južný svah štítu Rysy
Southern slope the Rysy peak
(2 250 m n. m.)

architekt / architect

Rudolf Kruliac

Sústredená stavebná realizácia chaty pod Rysmi podáva triezve odpovede na tému vysokohorskej architektúry. Jej výstavbu si vynútili okolnosti — pôvodná chata z roku 1933 (prestavovaná v päťdesiatych a sedemdesiatych rokoch) ostala poškodená niekoľkými lavínovými prúdmi. Súčasne sa tým naskytla možnosť vytvoriť nový stavebný organizmus, ktorý by napĺňal svoje turistické poslanie na vyspelejšej úrovni. Vzhľadom na mimoriadne sparťanské stavebné podmienky (objekt je situovaný na kamennom suťovisku vo vysokej nadmorskej výške s vrtkavými poveternostnými podmienkami, v ochranárenskom pásme najvyššej triedy) neponúkla akcia možnosti na výraznejší autorský rozlet. Napriek tomu je dielom dôsledným a hodnotným. Autor uplatnil stratégie interpretácie a apropriácie (morfológia stavby ostala zachovaná — pripodobnená k pôvodnému originálu signálne červenými okenicami); v materiáloch a stavebných technológiách sa však výrazne posunula. Kombinovanú železobetónovú a murovanú konštrukciu (vystuženú v miestach exponovaných dráhe lavín) prekrýva sendvičový plášť s plechovým exteriérom v jednotiacom výraze. Najvyššie položená horská chata v Tatrách vo svojej novej podobe získala veľkorysejšie priestory aj moderné (sofistikované) technológie, čo prehĺbilo jej užívateľský komfort.

The concentric building of a mountain chalet under the Rysy mountain provides a pragmatic answer to the topic of alpine architecture. Its construction was abetted by circumstances: the original chalet from 1933 (and renovated in 1950s and 70s) has been damaged by a series of avalanches. At the same time, this became an opportunity to create a new facility which would be more up to par with today's requirements of the hiker's community. Due to exceptionally spartan site conditions (being located atop of a pile of stone rubble in a high altitude with volatile weather conditions, moreover in a protected zone of the highest degree), the architectural creative freedom was very restricted. In spite of that, it resulted in a worthy and decent outcome. The architect applied a strategy of interpretation and appropriation on one hand (the morphology of the original building has been preserved, including the bright red window shutters), and on the other hand he has advanced the materials applied as well as the construction technology significantly further. A metal sandwich exterior cladding envelopes in a unifying fashion the structure of combined concrete and masonry (extra reinforced in areas exposed to potential avalanches). With more generous rooms and advanced technologies, this highest-altitude mountain chalet in the Tatras in its new shape has acquired a new standard of user comfort.

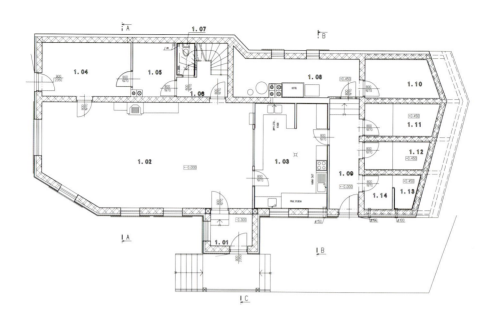

Súčasná architektúra na východe Slovenska
Contemporary architecture on East Side of Slovakia

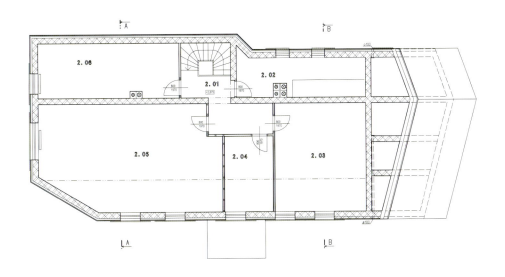

Prestauba Chaty pod Rysmi
Rebuilding of the Chalet below the Rysy peak

Prestavba Chaty pod Rysmi
Rebuilding of the Chalet below the Rysy peak

Rekonštrukcia a prístauba hotela Baník
Refurbishment and Extension of Hotel Baník

2012

miesto / location	architekti / architects
Štrbské pleso	**INAR** Ján Kromka, Ingrid Kromková |</br>

spolupráca / in collaboration with

Jaroslav Bitarovský

Prístavba bazénovej haly je na prvý pohľad pôvodnej budove zotavovne architektonicky cudzia. Mierny náklon hmoty prístavby hľadá inšpiráciu v geometrii lomenicovej fasády pôvodnej ubytovne. Transformuje ju však do iného materiálu, inej mierky a za iným účelom. Presklený kubus bazénovej haly ponúka obľúbenú kombináciu pobytu v horskom prostredí s welness aktivitami; najlepšie obidve naraz. Súčasne chce vniesť novú dynamiku do kompozície hotela, dať mu nový výtvarný akcent.

Autormi pôvodnej Zotavovne ROH Baník sú známi slovenskí architekti Ferdinand Konček, Iľja Skoček a Ľubomír Titl. Architekti postavili pre odborárov v Tatrách viacero kvalitných rekreačných stavieb v šesťdesiatych rokoch 20. storočia. Niektoré z týchto stavieb boli v posledných rokoch prestavané do vyššej kategórie hotelového zariadenia, ale súčasne do nižšej kategórie architektonickej kvality.

V tomto prípade autori prestavby konzultovali svoje návrhy s autormi pôvodnej zotavovne Baník. Duch hotela sa iste zmenil, ale adaptácia akceptovala hodnoty pôvodnej architektúry. Je príkladom schodnej cesty vyrovnávania sa s podobnými zadaniami.

The swimming pool hall is at first sight architecturally remote from the original building of the convalescent home. A slight tilt of the building volume is drawing inspiration from the geometry of the tilted coping facade of the original lodging house. However it is transforming its materiality, scale and function. The glazed cube of the pool hall offers the popular combination of staying in the mountains and wellness, preferably both at the same time. It aims to introduce a new dynamics to the composition of the hotel, giving it a new artistic accent.

The authors of the original convalescent home ROH Baník are the renown Slovak architects Ferdinand Konček, Ilja Skoček and Lubomir Titl. These architects have designed a number of high quality recreational buildings in the 1960s in Tatra Mountains commissioned by the trade unions. In recent years, some of these buildings have been converted into higher category hotels, losing some of their original architectural qualities.

In this case, the architects consulted their proposals with the architects of the original convalescent home Banik. The spirit of the hotel has certainly changed, but the refurbishment and new extension respects the values of the original architecture. It is an exemplar approach to similar assignments.

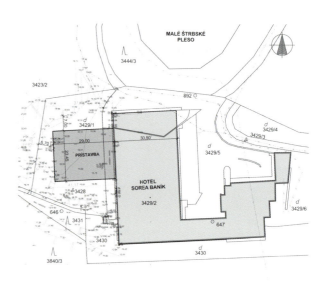

Rekonštrukcia a prístauba hotela Baník
Refurbishment and Extension of Hotel Baník

Aréna Poprad
The Poprad Arena

2006

miesto / location	architekt / architect	ceny a nominácie / awards and nominations

Uherova 4680
Poprad

Archstudio
Radoslav Ivan

spolupráca / in collaboration with

Branislav Ivan, Miloslav Dulík,
Róbert Burger

www.archstudio.eu

CE.ZA.AR 2007 — nominácia / nomination

Stavba roka 2007 — hlavná cena / Main Prize

Stavba roka 2007 — Cena Slovenskej komory
stavebných inžinierov / Slovak Chamber of Civil
Engineers Award

Najlepšia realizovaná stavba s oceľovou
konštrukciou v ČR a SR v období 2003 — 2006 /
Best steel frame building in the Czech Republic and
Slovakia 2003 — 2006 — 2. cena / 2nd Prize

Cena Ladislava Chudíka 2007 /
Ladislav Chudik Award 2007 — víťaz / winner

Viacúčelová hala Aréna v Poprade bola osadená medzi dvoma ucelenými fragmentmi väčšieho sídliskového celku Juh, v priamom dotyku s cestnými radiálami mesta a v štandardnej urbanistickej situácii sídliska. Jej opodstatnením je ponúknuť obyvateľom možnosti voľnočasového využitia — priestory na športovú alebo kultúrnu prevádzku.

Stavba popradskej haly Aréna bola podmienená úsilím o architektonickú striedmosť (efektívnu v prípade premenlivej/viacúčelovej programovej či dispozičnej náplne), ako aj utilitárnymi požiadavkami na pomerne vysokú kapacitu; no súčasne sa rozvíja vo formálne expresívnejšej polohe, keďže dôsledne rozvíja tému inžiniersky motivovanej estetiky. Vcelku je stvárnená ako prostý kváder stavebného objemu, v jednotlivostiach zasa plynie konštrukčne aj technicky pútavými detailmi. V interiéri aj v exteriéri sa naplno rozvíjajú markantné high-tech fragmenty oceľových konštrukcií. Základným kompozičným princípom vonkajšieho vzhľadu je jednotiaci účinok transparentného závoja predsadenej lamelovej fasády, ktorý tým na podkladovú vrstvu stavby nanáša mäkkú okrovú lazúru efektných vizuálnych účinkov.

Raised between two complete fragments of the Juh residential complex, the multi-purpose Poprad Arena directly communicates with the town's radials, being placed in a standard urban layout of the housing estate. Its purpose is to provide leisure time opportunities — space for sports and cultural events.

Behind the hall construction one can feel the effort to achieve architectural sobriety (effective as far as the versatile/multi-purpose programme or layout is concerned), underlined by utilitarian requirements for a rather large capacity. At the same time, the building unfolds a formally more expressive attribute, as it purposefully elaborates on engineering-driven aesthetics. Shaped as a simple block on the whole, yet one finds attractive construction and technical particulars in its details. Both interior and exterior feature striking high-tech fragments of steel structures. The basic composition principle of the exterior appearance is a unifying effect of a transparent veil achieved through a lamella curtain facade, which softens the building's outer surface by impressive visual effects in ochre shades.

Aréna Poprad
The Poprad Arena

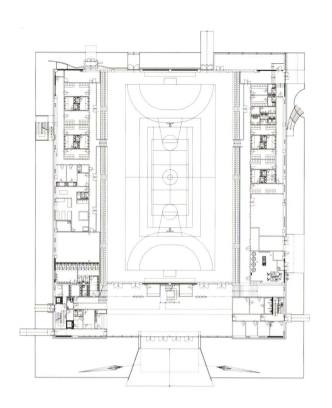
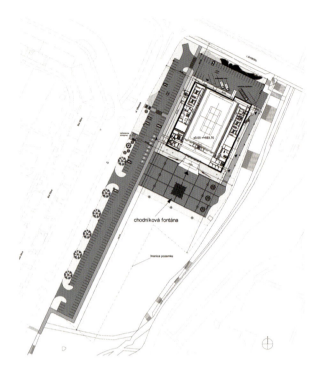

Súčasná architektúra na východe Slovenska
Contemporary architecture on East Side of Slovakia

Aréna Poprad
The Poprad Arena

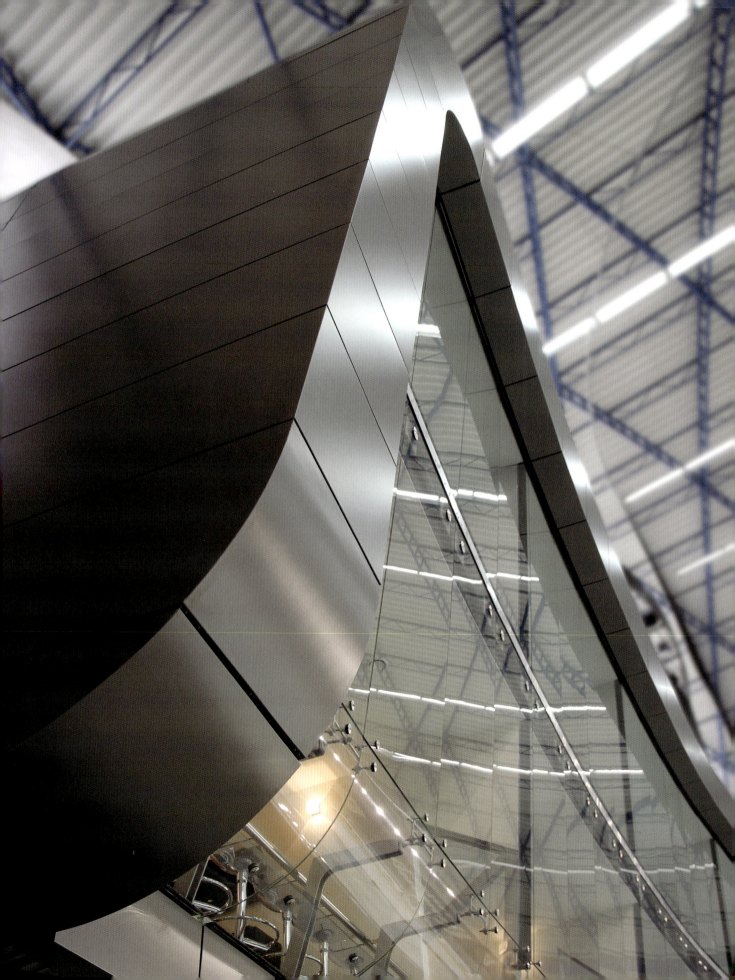

Skyboxy
Skyboxes
HC LEU

2012

miesto / location	architekt / architect
Štefánikova 6 Poprad	**Archstudio** Radoslav Ivan www.archstudio.eu

V súvislosti s aktívnym pôsobením nadnárodnej profesionálnej hokejovej ligy KHL v Poprade dochádza k nevyhnutnosti zvýšiť aj skultivovať prostredie hľadiska miestnej hokejovej arény. Preto došlo k prestavbe pôvodných salónnych lóží — takzvaných „skyboxov". V novom vyhotovení, v dvojnásobnej kapacite a vo veľkorysejších rozmeroch zaisťujú predplatiteľom ničím nerušené pohodlie pri sledovaní hokejových zápasov.

Sofistikovaný architektonický jazyk, ktorý autor pri návrhu dvojpodlažnej „stavebnej vložky" použil, dodáva pôvodnému priestoru zimného štadióna črty súčasnosti definované parametrami „cool" estetiky. Pritom „skyboxy" nepôsobia cudzorodo — zaobleným tvaroslovím sa pokúšajú o referenčnú nadväznosť na oblúkové prestrešenie; materiálovou voľbou (hliníkového obkladu) prispievajú k vizuálne indiferentnému — kompatibilnému zovňajšku. Prídavkom prestavby VIP hľadísk v popradskom zimnom štadióne sú exteriérové terasy s výhľadom na panorámu Tatier.

Ever since the international professional Kontinental Hockey League ("KHL") has established itself actively in Poprad, it became necessary to increase the capacity and improve the quality of the local arena seating. For his reason, it has been decided to do an overhaul of the original spectator area — so called "skyboxes". The new grandstands offer double the capacity and more generous seating, allowing the spectators unobstructed view of the matches in full comfort.

Sophisticated architectural language applied by the architect to this two-storey inbuilt structure has granted a "cool" aesthetics and contemporary feel to the original ice hockey rink.

Thanks to their rounded shapes referencing the curved roofing above, the "skyboxes" do not feel alien and the choice of aluminum cladding material contributed to the overall non-intrusive appearance and compatible exterior. An addition of VIP zone exterior terraces with a panoramic view of the Tatras has been part of the overall renovation.

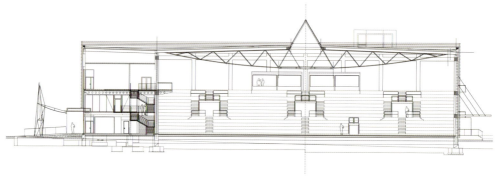

Súčasná architektúra na východe Slovenska
Contemporary architecture on East Side of Slovakia

Skyboxy HC L3U
Skyboxes HC LEU

Kostol zuestovania Pána
Church of the Annunciation of the Lord

2006

miesto / location	architekt / architect	ceny a nominácie / awards and nominations
Školská ulica 178 Nová Lesná	Tomáš Bujna	Cena Dušana Jurkoviča 2009 — nominácia / nomination Cena ARCH 2009 — nominácia / nomination Cena Kultúrna pamiatka roka 2009 — nominácia / nomination Piranesi Award 2009 — nominácia / nomination Cena SKA za architektúru — CE.ZA.AR 2011 — nominácia / nomination Cena Miesa van der Rohe 2011 — nominácia / nomination

www.nzw.sk

Podstata minimalizmu ako priestorovej koncepcie a podstata viery ako holistického nazerania na svet majú v tomto kostole k sebe veľmi blízko. Minimalizmus dáva zažiť svoju duchovnú bohatosť prameniacu v striedmosti architektonického priestoru. Estetický zážitok vychádza priamo z tohto priestoru a nie z vlastností formy, ktorá ho vytvára. Cieľom sakrálnych priestorov je sprostredkovať duchovný zážitok, obrodu prostredníctvom liturgií. Zámerom je duchovné, nie materiálne naplnenie.

Striedmosť sa často zamieňa s prázdnotou, čím vzniká napätie a v ľuďoch potreba prázdnotu zapĺňať; spravidla zbytočnosťami. Bude preto ťažké udržať interiér kostola v tejto podobe. Redukované formy základných liturgických prvkov sledujú celkovú koncepciu interiéru. Sklenené zábradlie empory je v kostole z 13. storočia jasným novotvarom. Priestor chóru sa vďaka nemu stáva súčasťou diania v kostole.

Veľkosťou komorný, architektonicky veľký interiér kostola, zbavený prebytočnej materiálnosti, demonštruje v súčasnosti vzácnu cnosť, stratenú súčasť nášho života a viery — pokoru. Kostol v Novej Lesnej vôbec nie je prázdny. Je plný svetla!

The essence of minimalism as a spatial concept and the essence of faith as a holistic view of the world are in this church very close to each other. Minimalism offers to experience its spiritual richness stemming from the temperance of the architectural space. The aesthetic experience comes directly from this space and not from the properties of the form that create it. The purpose of sacred spaces is to enable a spiritual experience and renaissance through liturgy. The aim is spiritual, not material fulfilment.

Temperance is often confused with emptiness, leading to tension and a need for people to fill up the emptiness often through uselessness. Therefore it will be difficult to keep the interior of the church in this form. Abstracted forms of the basic elements of the liturgy follow the overall concept of the interior. A glass balustrade of the gallery in a church from 13th Century is clearly a neologism. Thanks to this new form, the choir space becomes part of the church ceremony.

Chamber-like by its size, but architecturally great interior of the church devoid of excess materiality, demonstrates a rare virtue today, the lost part of our life and faith — humbleness. The church in Nová Lesná is far from being empty. It is full of light!

Súčasná architektúra na východe Slovenska
Contemporary architecture on East Side of Slovakia

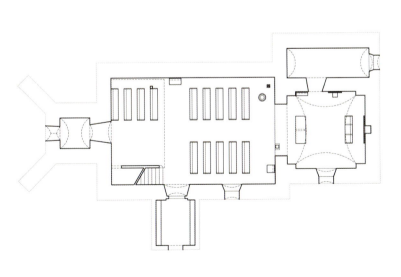

Kostol zvestovania Pána
Church of the Annunciation of the Lord

Kostol zvestovania Pána
Church of the Annunciation of the Lord

Centrum sociálnych služieb
Centre for Social Services

2010

miesto / location	architekti / architects	ceny a nominácie / awards and nominations
Francisciho 10 Poprad	**OSA** Miloslav Dulík, Branislav Rzyman www.osaatelier.sk	CE.ZA.AR 2011 — víťaz / winner

Mimoriadne kultivovaný vzhľad dosahuje budova na Francisciho ulici v Poprade vďaka jednoduchej, hladkej fasáde perforovanej pravidelným rastrom okien, ktorú architekti doplnili o niekoľko výrazových prvkov „klasickej" moderny.

Prístavba nového presklenného komunikačného jadra, nepravidelne rozmiestnené malé balkóniky, predsadené oceľové schodisko… tieto architektonické prvky, prerozprávané súčasnými konštrukciami a materiálmi, priznávajú funkcionalistického ducha stavby. Sú nositeľmi nadčasovej kvality, pričom architektúru stavebno-kultúrne fixujú. Žiadne expresívne gestá, cudzie materiály ani dynamické, agresívne formy. Len pokojný výraz poctivo komponovanej architektúry.

Adaptovaná budova bývalej materskej školy pôsobí podmanivo. Vyžaruje z nej pozitívna energia a súčasne si dokáže zachovať sebe vlastnú dôstojnosť. Citlivosť, účelnosť a solídnosť sú charakteristikami tohto diela a vzhľadom na jeho súčasnú funkciu ide o výraz skutočne vhodný. Samotná inštitúcia, ktorá tu sídli, sa s týmito hodnotami zaiste rada stotožní.

The building in Francisci Street in Poprad has a highly refined expression thanks to its simple, smooth facade perforated with a regular grid of windows that are complemented with elements of "classical" modernism.

The building extension comprises of a new glazed access core with irregularly positioned small balconies and a projecting steel staircase. These architectural elements, reinterpreted through contemporary structure and materials, are true to the functionalist spirit of the existing building. They bear a timeless quality, while culturally anchoring the architecture. No expressive gestures, foreign materials or dynamic, aggressive forms. Just a calm expression of honestly composed architecture.

The adapted building of a former kindergarten has an inviting effect, radiating positive energy, while preserving its own character and dignity. Sensitivity, functionality and modesty are the characteristic features of this work. Given its present purpose, these attributes are very fitting. The very institution that resides here will surely identify with these values happily.

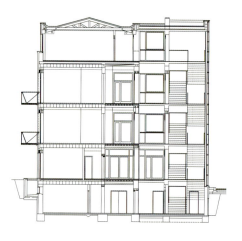
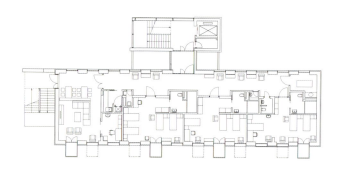

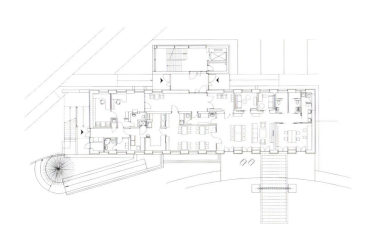

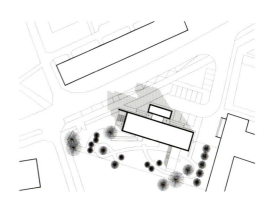

centrum sociálnych služieb
Centre for Social Services

Tatranská galéria
Tatran Gallery

2009 — 2013

miesto / location

Hviezdoslavova 12
Poprad

architekti / architects

Ján Kodoň, Bohuš Kraus

spolupráca / in collaboration with

Branislav Kaliský, Sidónia Gáborová

Rekonštrukcia vzácneho (od roku 2003 pamiatkovo chráneného) objektu parnej elektrárne zo začiatku 20. storočia je príkladom systematického-systémového scenára záchrany a interpretácie priemyselného dedičstva v modifikovanom kontexte. Objekt, ktorý patrí mestu Poprad, v súčasnosti (s opciou na bezplatný prenájom na obdobie 99 rokov) využíva ako svoje sídlo Tatranská galéria.

Rekonštrukcia historickej budovy, ktorá sa nachádza v bezprostrednej blízkosti železničnej stanice, prebehla v troch škálovaných etapách s cieľom adaptovať pôvodnú architektonicko-stavebnú substanciu priemyselnej stavby priamo pre potreby modernej galerijnej inštitúcie. Popri sanácii, reštaurovaní (napríklad pôvabného kovaného zábradlia v dekoratívnom štýle či štukatérskej výzdoby), modernizácii a výmene pôvodných častí objektu tak projekt zahrnul aj (diskrétnu) prístavbu prevádzkového zázemia galérie (stvárnenú ako tvarovo i materiálovo pripodobnený novotvar). V pomerne čitateľnej podobe sa v budove inštitúcie konfrontujú dva základné motívy: konvenčnú kultúrnu prevádzku galérie dopĺňa distingvovaná prezentácia stavebnej technickej pamiatky.

Renovation of the unique steam power station from the beginning of the 20th century (listed as a protected monument since 2003) is an example of a systematic and systemic scenario of preservation and re-interpretation of industrial heritage in a modified context. The structure belonging to the town of Poprad is presently occupied by the Tatran Gallery (with a 99 year charge-free rent option).

Located in the immediate vicinity of the train station, the historic building was renovated in three consecutive stages with the aim of adapting the original architectural and construction substance of this industrial building for the needs of the contemporary gallery venue. Thus, in addition to the renovation and restoration (including the charming decorative wrought iron railing or stucco detailing), modernization and replacement of original sections of the building, the project also included a discreet extension of the gallery background premises (in a form and materials designed to resemble the old part).

Two basic motives: conventional gallery premises and distinctive presentation of the technical monument are confronted here in a relatively readable form.

285

Slovo na záver

Kniha, ktorú práve držíte v rukách, bilancuje menšinový žáner tohto sveta — architektúru. Tú súčasnú na rozhraní viacerých civilizačných a kultúrnych vplyvov. Nie je koncentrovaná na jednom mieste a nie je jej veľa, ale ako uvádza fínsky teoretik architektúry Juhani Pallasmaa: „Súvislá architektonická kultúra sa síce rozpadla, svet architektúry je fragmentalizovaný do jednotlivých vzájomne izolovaných diel, do akéhosi súostrovia architektúry, kde svätým patrónom tohto súostrovia je nádej."

Skúsenosť z jej mapovania okrem nádeje otvára viaceré témy. Nepochybne tu možno zaradiť vzťah architektúry k obmedzeným zdrojom energie a materiálov, vzťah súkromnej a verejnej sféry, vzťah prítomnosti k minulosti i budúcnosti, ale aj vzťah architektúry k urbánnemu priestoru...

Výber 40 diel vnímam ako pokus o vyrozprávanie príbehu, ktorého spoluautorom je okrem architekta, investora aj fotograf. Cenným je jeho spôsob videnia, ktorým zobrazil časť nášho, niekedy vysnívaného sveta.

A aké posolstvo by mala súčasná architektúra zhmotňovať? Najlepšie to vystihol český teoretik architektúry Dalibor Veselý: „Architektonické dielo je artikuláciou a stelesnením ľudskej skúsenosti sveta."

Za pomoc a podporu pri mapovaní tejto ľudskej skúsenosti ďakujem všetkým jej tvorcom.

Michal Burák

A Final Word

The book you are holding in your hands right now is summarizing a marginal genre of today's world: the architecture. The current one which hovers between multiple civilizational and cultural influences. It is not concentrated in one spot only and there is not much of it either, as the Finnish architectural theoretician Juhani Pallasmaa states: "The coherent architectural culture has disintegrated, the world of architecture is fragmented into individual isolated works, an architectural archipelago of sorts with hope as the patron saint of this archipelago."

The experience from mapping contemporary architecture of the East part of Slovakia opens up several themes. Among them are undoubtedly relationships of the energy source and the materials, the private and public sectors, the present and the past and the future, the architecture and its urban environment…

To me, the given selection of 40 works is an attempt to tell a story written not only by the architects and the investors but also by the photographer. His own take on the fragment of our sometimes dreamed-up world is very enlightening.

The message that the current architecture should epitomize was well defined by the Czech architectural theoretician Dalibor Veselý: "A work of architecture is an articulation and an embodiment of the human experience of the world."

I would like to express my gratitude to all those who have helped mapping this human experience.

Michal Burák

Profily autorou
Author profiles

Elena Alexy (1970)

Architektka a publicistka, dlhoročná šéfredaktorka časopisu *Atrium* o aktuálnom dianí v architektúre a dizajne, spoluautorka koncepcie a scenárov televízneho dokumentárneho cyklu *A3UM* o súčasnej architektonickej tvorbe na Slovensku. Jej doménou je edičná činnosť a architektonický žurnalizmus.

Architect and publicist, long-term chief editor of the *Atrium* magazine on current affairs in architecture and design, co-author of the concept and scripts of the TV documentary cycle *A3UM* about contemporary architecture in Slovakia. Her domain is editing and architectural journalism.

Tomáš Bujna (1968)

Architekt a publicista žijúci a pracujúci pod Vysokými Tatrami, spišský lokálpatriot, ktorý sa venuje histórii staviteľstva v tatranských osadách. Spoluautor knihy *Slávne vily Slovenska*.

Architect and publicist living and working in the foothills of the High Tatra Mountains; a Spiš region local patriot devoting his time to the construction history in Tatra settlements. He is a co-author of the book called *Famous Villas in Slovakia*.

Lukáš Šíp (1983)

Architekt a predagóg na Fakulte architektúry Slovenskej technickej univerzity v Bratislave. Venuje sa udržateľnej architektúre, skúmaniu jej výrazu, formy, ako aj širším súvislostiam pojmu udržateľnosť, najmä s presahom do kultúrnej sféry. Popritom rád píše o architektúre.

Architect and teacher at the Faculty of Architecture of the Slovak University of Technology in Bratislava. He is committed to sustainable architecture, analysis of its expression and form as well as the broader context of sustainability, especially its cultural overlaps. At the same time he enjoys writing about architecture.

Robert Špaček (1952)

Profesor, pôsobí na Fakulte architektúry Slovenskej technickej univerzity v Bratislave. Vo výskume, výučbe a publikačnej činnosti sa venuje udržateľnosti, urbánnej demokracii a slušnosti.

Professor, working at the Faculty of Architecture of the Slovak University of Technology in Bratislava. In his research work and writings he focuses on sustainability, urban democracy and civility.

Michal Burák (1979)

Architekt, aktivista, srandista, trémista, cyklista, kulturista, artista, futbalista… Nespisovateľ. Zakladateľ East Side Foundation a platformy UzemnePlany.sk. Súčasnú architektúru na východe Slovenska popularizuje aj prostredníctvom projektov Mestské zásahy Košice, Medzimestské zásahy Košice — Prešov a East Side Architecture, ktorých vznik inicioval.

An architect, an activist, a humorist, a shy person, a cyclist, a hiker, a soccer player… A non-writer. Founder of the East Side Foundation and UzemnePlany.sk city-planning e-platform. He promotes contemporary architecture of the Eastern Slovakia through projects such as The Urban Interventions Košice, The Inter-city interventions Košice-Prešov and The East Side Architecture — all initiated by him.

Pavol Mészáros (1983)

Architekt, doktorand na Fakulte BERG Technickej univerzity v Košiciach. Venuje sa spoločenskej transformácii a vzniku alternatívnych smerov v architektúre, využitiu a aplikovaniu prírodných materiálov v súčasnom stavebníctve.

Architect and PhD student at the BERG Faculty of the Technical University of Košice. He pursues the themes of social transformation and the new alternative trends in architecture as well as application of alternative materials in today's construction industry.

Michal Lalinský (1980)

Architekt a nezávislý publicista. Spolupracuje s viacerými slovenskými printovými médiami — venuje sa pritom popularizačnej reflexii súčasných interiérových, dizajnérskych a architektonických tém.

Architect and freelance writer. He cooperates with various Slovak print media publishers and devotes his time to a reflective promotion of current interior, architectural and designer themes.

Katarína Trnovská (1982)

Historička umenia, nezávislá kurátorka súčasnej architektúry a dizajnu. V roku 2005 iniciovala vznik občianskeho združenia just plug_in s cieľom priamej podpory a popularizácie mladých slovenských dizajnérov. Podieľa sa na dramaturgii klubových večerov PechaKucha Night Bratislava.

Art historian, freelance curator of contemporary architecture and design. In 2005, she initiated the formation of a n.g.o. called "just plug-in" with the intent of direct encouragement and promotion of young Slovak designers. She participates in organizing the PechaKucha Night Bratislava.

Zorán Vukoszávlyev (1972)

Architekt, kurátor, lektor, špecialista na odbornú záchranu pamiatok, docent na Katedre architektúry a pamiatok Technickej univerzity v Budapešti (BME), kde prednáša súčasnú a sakrálnu architektúru. Autor knihy *Súčasná holandská architektúra*, spoluautor knihy *Súčasná portugalská architektúra*, spolueditor knihy *Novo-luteránske kostoly*.

Architect, curator, lecturer, specializing in expert monument preservation, PhD at the Budapest University of Technology, Department for History of Architecture and of Monuments where he lectures on contemporary and sacral architecture. Author of *Contemporary Dutch Architecture*, co-author of *Current Portugese Architecture*, co-editor of *Neo-Lutheran Churches*.

Bibliografia
Bibliography

ALEXY, Andrej
Dom dvoch tvári. Atrium 2012, 5, s. 93 — 99.

ANDELOVÁ, Lenka
Vila P. Dom a bývanie 6, 2012, 3, s. 6 — 9.

BACOVÁ, Andrea
Formalizmom sa snažíme vyhýbať. Rozhovor. ARCH 15, 2010, 7 — 8, s. 14 — 17.

BACOVÁ, Andrea
Krátka správa o slovenskej architektúre. ARCH 18, 2013, 7 — 8, s. 58 — 60.

BACOVÁ, Andrea
Kult kultúry v kulturparku. ARCH 18, 2013, 10, s. 26 — 33.

BACOVÁ, Andrea
O Tatrách, Poprade a skyboxoch. ARCH 17, 2012, 5, s. 16 — 23.

BARINKA, Jozef
Košická Vila P. Interier Exterier 14, 2012, 10, s. 26 — 33.

BELANSKÁ, Dominika
SPOTs. Fórum architektúry 22, 2013, 5, s. 8 — 9.

BOČKOVÁ, Andrea
Ako stavať domy a nerúbať stromy. ARCH 12, 2007, 9, s. 28 — 31.

BOČKOVÁ, Andrea
Od OSTu k SPOTu, POSTUP. ARCH 18, 2013, 1 — 2, s. 30 — 33.

BOČKOVÁ, Andrea
V(h)odný svet? ARCH 18, 2013, 7 — 8, s. 44 — 47.

BOČKOVÁ, Andrea
Východné Slovensko aktuálne! ERA 21, 2011, 1, s. 12.

BODNÁROVÁ, Eva
Editoriál. INFORMÁCIE architektúra, interiér, design 9, 2003, s. 3.

BOUDOVÁ, Petra
Intelektuálne záležitosti. Atrium 2009, 2, s. 96

BUJNA, Tomáš
Architektúry, ktorá vychováva. ARCH 16, 2011, 11, s. 30 — 35.

BUJNA, Tomáš
Dom nad „Tatranským plesom". ARCH 13, 2008, 12, s. 34 — 37.

BUJNA, Tomáš
Galéria s komínom. ARCH 15, 2010, 1, s. 16 — 21.

BUJNA, Tomáš
Nové zázemie pod smutnou vŕbou. ARCH 15, 2010, 11, s. 32 — 37.

BUJNA, Tomáš
Od tatranského profilu k (tatranskému) hliníku. ARCH 17, 2012, 5, s. 20 — 23.

BURÁK, Michal
East Side Architecture. Architekt 58, 2012, 3, s. 66 — 71.

CIFROVÁ, Martina
Viacúčelová hala v Poprade. ASB 12, 2005, 11, s. 24 — 25.

DUDÁKOVÁ, Katarína
zerozero. Vždy začíname od bodu nula. ASB 18, 2006, 5, s. 68 — 71.

DULLA, Matúš
Obnova európskej kontinuity, alebo ako to vidí Jakoby? Architekt 2012, 4, s. 62 — 64.

DULLA, Matúš
Slávne vily Slovenska. Bratislava, Foibos Books 2010, s. 263 — 267.

DULLA, Matúš
Slovenská architektúra od Jurkoviča po dnešok. Bratislava, Perfekt 2007, s. 153, 159, 162.

FÁBRI, Ľubica
Made in Slovakia. Klietka poznania. Interier Exterier 11, 2009, 3, s. 19.

FISCHER, Joachim — VAN UFFELEN, Chris
1000 x European architecture. Berlin, Braun 2007. 1024 s.

FOŘTLOVÁ, Karolína
Nájemní bytové domy CMYK v Prešově. Architekt 51, 2005, 12, s. 52 — 55.

GAJ, Michal st.
Bývanie ako priestor bez hraníc. Top trendy v bývaní 11, 2007, 2, s. 54 — 57.

GAJ, Michal st.
Krajina Hospica sv. Alžbety v Ľubici. Projekt 47, 2005, 6, s. 12.

GAJ, Michal st
Namiesto úvodu k projektu o empatii. Projekt 47, 2005, 6, s. 10.

GAJ, Michal st.
Všetko so všetkým súvisí. Projekt 37, 1995, 6, s. 8 — 13.

GAJ, Michal st. — REPICKÝ, Martin
Z autorských poznámok ku koncepcii diela. Projekt 47, 2005, 6, s. 6 — 15.

GARAJ, Patrik
Východ nestavia len kostoly. Trend, 2012, 42, s. 40 — 41.

GRASS, Michael
Zeit genossische Kunst in historischen Hallen. Bauwelt 104, 2013, 38, s. 18 — 21.

GREGOR, Karol
Chvála skromnosti CMYK — Prešov, výstavba 190 nájomných bytov. ARCH10, 2005, 3, s. 22 — 25.

HORVÁTHOVÁ, Martina — RAČKOVÁ, Jana — ŠKOMBÁR, Pavol
Rodinný dom v Rozhanovciach. Eurostav 18, 2012, 5, s. 56 — 58.

JAKUŠOVÁ, Martina — HEINRICHOVÁ, Miriam
Michal Burák: Kvalita prostredia a kvalita života spolu úzko súvisia. Urbanita 23, 2011, 4, s. 56 — 61.

KAČALIAKOVÁ, Elena
Svätostánok na sídlisku. A+D 4, 2012, 14 — 15, s. 16 — 17.

KAŽIMÍROVÁ, Mira — GAJ, Michal st.
ARCH.EKO — Všetko so všetkým súvisí. Informácie — architektúra, interiér, design 10, 2004, s. 8 — 9.

KAŽIMÍROVÁ, Mira
Na skok v ateliéri Atrium. Informácie — architektúra, interiér, design 11, 2005, s. 3.

KOBAN, Juraj
Knižnica tu v Košiciach. ARCH 12, 2007, 6, s. 44.

KOHLMAYER, Václav
Úvaha nad jednou súťažou namiesto správy o rokovaní poroty. Informácie Slovenskej komory architektov, 2004, 11, s. 1.

KOL. AUTOROV
The Phaidon Atlas of 21st Century World Architecture. London, Phaidon 2009. 812 s. (kop) Jurkovičova cena za školu v Smižanoch. [online].
Dostupné na www.sme.sk/c/1784906/jurkovicova-cena-za-skolu-v-smizanoch.html [cit. 8. 11. 2013]

KRAMÁROVÁ, Zlatica
Moderná architektúra. Stavebníctvo a bývanie 7, novoročné vydanie 2005/2006, s. 24 — 27.

KRCHO, Ján
Boxy, salón a identita pre CAT. ARCH 12, 2007, 7 — 8, s. 26.

KRCHO, Ján
Business centrum na mieste starého pivovaru. ARCH 15, 2010,
7 — 8, s. 30 — 35.

KRCHO, Ján
Dom a lúka. ARCH 14, 2009, 2, s. 26 — 31.

KRCHO, Ján
Dom N. In Nové rodinné domy 10, 2010, s. 20 — 25.

KRCHO, Ján
Druhý dych starej zotavovne. ARCH 18, 2013, 4, s. 32 — 37.

KRCHO, Ján
Dve chatyna Domaši. ARCH 16, 2011, 6, s. 22 — 25.

KRCHO, Ján
Informačné fórum nového typu?. ARCH 14, 2009, 11, s. 30 — 35.

KRCHO, Ján
Na východe stále iba trocha inak. ARCH 18, 2013, 7 — 8, s. 60.

KRCHO, Ján
Nový starý kostol. ARCH 14, 2009, 3, s. 18 — 23.

KRCHO, Ján
O archetypoch nového domu. ARCH 15, 2010, 5, s. 32 — 35.

KRCHO, Ján
Odpoveď architektúryna „Čím si hlavu príliš nelámeme". ARCH 10,
2005, 9, s. 34 — 39.

KRCHO, Ján
Vila s átriom. ARCH 17, 2012, 7 — 8, s. 34 — 37.

LEONTIEVOVÁ, Tamara
Nový život komplexu Cassovar stráži komín. ASB 18, 2011, 3,
s. 36 — 40.

MALUČKÝ, Peter
Paradox sveta. Projekt 47, 2005, 6, s. 15.

MÉSZÁROS, Pavol
Hradová — Nové objavovanie. ARCH 18, 2013, 6, s. 38 — 43.

MÉSZÁROS, Pavol
SPOTs — Košické výmenníky pokračujú. ARCH 18, 2013, 1 — 2, s.
40 — 48.

MIHAĽÁK, Michal
Chata Maša. Fórum architektúry 22, 2013, 4, s. 8 — 9.

MIKLOŠ, Peter
Artystyczna szkola podsrawowa. Architektura Murator, 2005, 9.

MORAVČÍKOVÁ, Henrieta
Bádať a premýšľať o Tatrách. Rozhovor. ARCH 14, 2009, 3, s. 14 — 17.

MORAVČÍKOVÁ, Henrieta
Dôstojný náprotivok. ARCH 14, 2009, 3, s. 28 — 31.

MORAVČÍKOVÁ, Henrieta
Nová slovenská architektúra. Bratislava, Slovart 2009 s. 60 — 63,
131, 242 — 243.

NEČAS, Roman
Atrium, štúdio, pre ktoré nie je žiadna téma tabu. Interier Exterier
13, 2011, 4, s. 68 — 71.

NOVÁKOVÁ, Mária
CE.ZA.AR 2011 už pozná víťazov. ASB 18, 2011, 11 — 12, s. 6 — 7

NOVÁKOVÁ, Mária
Košice 2013. Čo prinesie titul? ASB 19, 2012, 8 — 9, s. 12 — 13.

NOVÁKOVÁ, Mária
Minimalizmus s výhľadom na Tatry. ASB 19, 2012, 1 — 2, s. 24 — 27.

ORSÁG, Ondřej — ONDRUCH, Radek — Nováková, Mária
Kostol Božieho milosrdenstva v Košiciach. Veľkolepá skromnosť.
ASB 19, 2012, 8 — 9, s. 32 — 38.

PAŠTEKOVÁ, Michaela
Slovenská architektúra 2004. ALFA. Architektonické listy Fakulty
architektúry STU9, 2005, 1 — 2.

PER, Aurora Fernández — MOZAS, Javier — ARPA, Javier
zerozero. Maximum plot suface. a+t DBOOK—Density, Data, Dia-
grams, Dwellings. Density Series, 2007, s. 83 — 87.

PETRÁNSKY, Ľudovít
Atrium sa snaží kresliť pravdu do priestoru. ASB 13, 2008, 8, s. 50 — 54.

PETRÁNSKY, Ľudovít
City Park v Košiciach je aj jemnou citáciou „zeleného" domu.
ASB 14, 2007, 4, s. 38 — 43.

PETRÁNSKY, Ľudovít
Dom ako detská skladačka. ASB11, 2004, 8, s. 30 — 33.

PETRÁNSKY, Ľudovít
Príbeh Cassovaru dorozprávajú ľudia. ASB 20, 2013, 1 — 2, s. 38 — 44.

PETRÁNSKY, Ľudovít
Spojenie kultúry a vody. ASB 20, 2013, 8 — 9, s. 44 — 47.

PHRAWONG, Xaroj
Architectural studio Atrium. Lexicon of Architecture. B•1 5, 2012,
60, s. 88 — 91.

POTOKAR, Robert
Interview. Piranesi 2009, 27, s. 38.

PROKOPOVÁ, Anna
Architektúra — hra o prekvapenie. Fasády 2, 2004, 4.

RAČKOVÁ, Jana
Rodinný dom Rozhanovce. In Ročenka dřevostaveb 2012, 2013, s. 33 — 34.

REDAKCIA
Základní umělecká škola. Dom ako detská skladačka. [online].
Dostupné na www.archiweb.cz/buildings.php?&action=show&i-
d=320 [cit. 8. 11. 2013]

REDAKCIA časopisu ASB
Vojnové pohrebisko v Bodružali s novou tvárou. ASB 14, 2007, 11,
s. 50 — 51.

REDAKCIA časopisu Atrium
Architektúra z iného sveta. Atrium 10, 2013, 3, s. 38 — 39.

REDAKCIA časopisu Eurostav
Z bývalých kasární Kulturpark. Eurostav 19, 2013, 10, s. 46 — 39.

REDAKCIA časopisu Fasády
Nadstavba ako kapota. Fasády 8, 2010, 6, s. 2—3.

REDAKCIA časopisu Fórum architektúry
Slovenskú architektúru poznávajú v zahraničí prostredníctvom
Ceny Dušana Jurkoviča. Fórum architektúry 16, 2006, 6.

REDAKCIA periodika Informácie Slovenskej komory architektov
Nominácie CE.ZA.AR 2007. Informácie Slovenskej komory archi-
tektov, 2007, 7 — 8, s. 12.

REDAKCIA časopisu Interiér
Cena Dušana Jurkoviča za školu v Smižanoch. [online]. Dostupné
na www.archinet.sk/Magazine/Clanok.asp?ClanokID=6&Vydanie-
KOD=53&Magazine=forum [cit. 8. 11. 2013]
Poprad Aréna Stavba roka. Interiér 10, 2007, 3, s. 26 — 28.

REDAKCIA časopisu Projekt
Cena Dušana Jurkoviča. Projekt 2007, mimoriadne číslo, s. 21.
Hospic sv. Alžbety — Ľubica. Projekt 47, 2005, 6 — Príloha /
Cena Dušana Jurkoviča 2005, s. 3 — 7.

REDAKCIA časopisu Stavba
Cena Dušana Jurkoviča 2005 — Hospic sv. Alžbety v Ľubici.
Stavba 8, 2005, 11, s. 16 — 17.
Zvíťazila viacúčelová športová hala Poprad Aréna. Stavba 10, 2007,
7 — 8, s. 10 — 15 a 23.

REDAKCIA časopisu Interiér veřejných budov
Fluidum drobnej stavby. Interiér veřejných budov 13, 2010, 3, s. 12.

REDAKCIA — GAJ, Michal st.
Hospic v jabloňovom sade. Fasády 3, 2005, 3/4, s. 9 — 11.

REDAKCIA katalógu Ceny časopisu ARCH
Hospic sv. Alžbety, Ľubica. Katalóg Ceny časopisu ARCH 2006,
s. 3 — 4, 6 — 7, 14 — 15.

REPICKÝ, Martin
Estetika a funkčnosť v symbióze. ARCH12, 2007, 2, s. 20 — 21.

Rodinný dom v Košiciach.
In 20>><<20. Katalóg k výstave. Praha, Galerie Jaroslava Fragnera
a Architectura 2009, s. 44.

SENTELIKOVÁ, Zuzana
Cesta do garáží. ARCH 16, 2011, 5, s. 38 — 41.

SENTELIKOVÁ, Zuzana
Pamäť a miesto. ARCH 14, 2009, 4, s. 34 — 37.

SENTELIKOVÁ, Zuzana
Z nového súdka. ARCH 15, 2010, 7 — 8, s. 38 — 41.

SITA
Poprad bude mať novú halu. ASB 12, 2005, 9, s. 27.

SNOPKOVÁ, Blanka — KLIMOVÁ, Anna — ALBERTOVÁ, Henrieta
Osobnosti Banskej Bystrice na začiatku tretieho tisícročia. Banská
Bystrica, Štátna vedecká knižnica v Banskej Bystrici 2010,
s. 68 — 69.

STUDENÝ, Ján
In Slovenská architektúra. 150 tvorivých osobností súčasnej archi-
tektúry. Bratislava, Eurostav 2009, s. 110.

ŠPAČEK, Robert
Architektúra ľudskej dôstojnosti. Projekt 47, 2005, 6, s. 6.

TOPOLČANSKÁ, Mária
Architecture on a diet. A10 11, 2010, 40, s. 56 — 58.

TOPOLČANSKÁ, Mária
CMYK housing Prešov. A107, 2006, 1 — 2, s. 49.

TRNKUSOVÁ, Martina
Administratívna budova Energo control, Košice. Eurostav, 2009, 12,
s. 36 — 38.

TURANCOVÁ, Miriam
Nové sídlo Phoenix Zeppelin. ASB 15, 2008, 10, s. 44.

VRZGULOVÁ, Beáta
Impulz pre architektúru vidieka. Fórum architektúry 15, 2005, 2 — 3.

Podnikli sme všetky kroky, aby sme zistili majiteľov autorských práv použitých fotografií. Za neúmyselné vynechanie niektorého z nich sa vopred ospravedlňujeme. V nasledujúcich vydaniach radi doplníme chýbajúce údaje.
We have done everything possible to identify the owners of the copyrights to the used photographs. We apologize in advance for any unintentional omissions and we will be happy to add any missing data in subsequent editions.

Všetky práva vyhradené. Žiadna časť tejto publikácie nesmie byť nijakou formou reprodukovaná, kopírovaná alebo rozmnožovaná bez predchádzajúceho súhlasu vydavateľa.
All rights reserved. No part of this book may be reproduced, copied or distributed without the prior permission of the Publisher.

Prvé slovenské vydanie / First Slovak edition
Vydali o.z. UzemnePlany.sk a o.z. just plug_in
v spolupráci s Vydavateľstvom SLOVART, spol. s r. o.,
v Bratislave roku 2014.

Zostavili / Edited by
Elena Alexy, Michal Burák, Katarína Trnovská

Editorka / Editor in charge
Katarína Trnovská

Titulkový font / Headline typography
Samuel Čarnoký

Jazyková redaktorka / Proof reader
Blažena Moravčíková

Tlač / Print
FINIDR, s. r. o., Český Těšín

ISBN 978 - 80 - 971549 - 1 - 2

www.eastside.sk
www.slovart.sk

Fotografie / Photos
Jaris /26 — 77, 96 — 110, 112, 118 — 129, 138 — 171, 178 — 185,
194 — 197, 200 — 201, 208 — 229, 236 — 239, 262 — 267,
272, 274 — 277, 284 — 289/
Atrium architekti /112 — 117, 186/
Board-Mag /192 — 193/
Braňo Hovorka /90 — 95/
Branislav Ivan /264, 268, 270/
Alexander Jiroušek /198, 202/
Pavol Jurčo /246, 249/
Tomáš Manina /130, 132 — 137, 256, 258 — 260/
Pavol Mészáros /233/
Jaroslav Murín /250, 252 — 254/
OSA /278, 280 — 283/
Ľubo Stacho /84, 86 — 89, 188 — 191, 204 — 207/
Ján Sekan /230, 232 — 235/
Vladimir Yurkovic /78, 80 — 83/

ZIPP BRATISLAVA spol. s r.o. je spoločnosť s viac ako 50-ročnou tradíciou v stavebnej výrobe, od roku 2004 súčasťou európskeho stavebného koncernu STRABAG.

— dodávka a realizácia stavieb na kľúč
— realizácia inžinierskych stavieb
— výroba a montáž prefabrikovaných konštrukcií

ZIPP BRATISLAVA spol. s r.o.
Mlynské nivy 61/A
SK - 820 15 Bratislava

Tel.: +421 (0)2 32 62 11 11
Fax: +421 (0)2 32 62 33 41
e-mail: zipp@strabag.com

www.zipp.sk
www.strabag.com

:concrete:

INDUSTRIAL TEXTURES

Výnimočná omietka na báze skutočného betónu

Dokonalý dizajn, jedinečná technológia, patentovaný postup a výborná cena za m²

concrete / A: Mlynská 27, 040 01 Košice / E: concrete@concrete.sk / **www.concrete.sk**

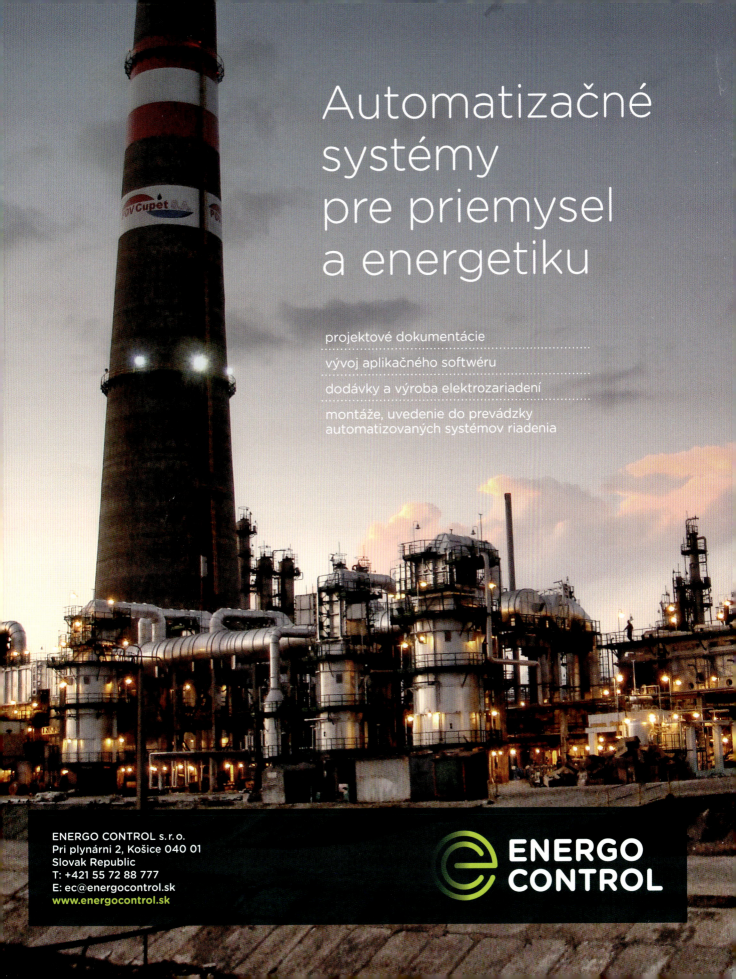

Súčasná architektúra na východe Slovenska